Couverture inférieure manquante

SANCTUAIRE NANTAIS

DE

N.-D. DE LA SALETTE

PAR

L'ABBÉ ROUSTEAU,

Chanoine de la cathédrale de Nantes.

SE VEND AU PROFIT DE L'ŒUVRE.

NANTES,

CHEZ P. MAZEAU, LIBRAIRE, VIS-A-VIS L'ÉVÊCHÉ.

1864.

Nantes, Imp. de Vincent Forest & Émile Grimaud, pl. du Commerce.

SANCTUAIRE NANTAIS

de

NOTRE-DAME DE LA SALETTE.

NANTES, IMPRIMERIE VINCENT FOREST ET ÉMILE GRIMAUD.

SANCTUAIRE NANTAIS

DE

N.-D. DE LA SALETTE

PAR

L'ABBÉ ROUSTEAU,

Chanoine de la cathédrale de Nantes.

SE VEND AU PROFIT DE L'ŒUVRE.

NANTES,

CHEZ P. MAZEAU, LIBRAIRE, VIS-A-VIS L'ÉVÊCHÉ.

—

1863.

AVANT-PROPOS.

Les nombreux visiteurs de ce Sanctuaire, dont le nom a fourni son titre au présent ouvrage, ont souvent réclamé le secours d'un livre explicatif de tout ce qui pouvait y intéresser l'attention. En leur offrant celui-ci, nous nous sommes proposé de satisfaire à ce besoin et à ce désir, et s'il vient tard, puisqu'il faut déjà compter plusieurs années depuis le jour où la piété est entrée en possession de cet édifice dont nous venons aujourd'hui seulement éclairer les mystères, il nous sera d'autant plus facile de nous excuser qu'à un autre point de vue, la publication en est même prématurée. — Bien des choses, en effet, y sont expliquées qui attendent leur réalisation et pourront l'attendre longtemps encore.

Puissent les regrets que nous ferions naître à cet égard aplanir pour nous les voies du dernier achèvement. C'est là, du reste, un résultat auquel nous avons l'intention de travailler ici nous-même; car, outre notre but direct, qui est bien celui que nous venons d'exprimer et que nous développons et précisons dans le premier chapitre, nous nous en sommes fait un secondaire, celui de susciter quelques ressources nouvelles qui nous mettent à même de donner suite à notre entreprise, en publiant au profit de l'œuvre. Nous nous croyons donc un double titre pour que le public pieux auquel nous nous adressons, nous fasse un accueil favorable, lorsque nous lui présentons tout un recueil de pensées capables de nourrir sa religion et d'aperçus utiles pour l'art qui travaille à cette fin, mais en même temps une participation facile à une bonne action.

A. M. D. G.

SANCTUAIRE NANTAIS

de

NOTRE-DAME DE LA SALETTE.

CHAPITRE I.

Objet de cet ouvrage.

Ce n'est pas un simple guide du curieux que j'entreprends de donner ici. Celui qui, en visitant ce Sanctuaire, ne se propose pas un autre objet que la curiosité à satisfaire pourra sans doute trouver dans ce livre les lumières dont elle se ferait besoin ; mais j'avoue que les intérêts de cet ordre sont trop peu de chose à mes yeux pour qu'ils me deviennent le but unique et direct d'un travail. Qu'importent ces appréciations oiseuses qui s'arrêtent à un témoignage de contentement et de faveur, ou à une critique sans utilité pour des choses déjà faites? Les fruits en sont légers pour celui qui juge et pour celui qui est jugé. J'aime mieux suivre toujours la pensée qui a, pour ainsi dire, fondé, construit et décoré l'édifice qu'il s'agit de mieux faire connaître, et offrir à la piété un aliment qui lui profite et dont il puisse rester à l'homme un avantage de l'éternité.

Un temple, de sa nature, n'est point un objet de vain spectacle comme pourrait être un musée. Ce ne peut être régulièrement un lieu de distraction et de jouissances profanes. C'est la maison de Dieu et la maison de l'âme. — Maison de Dieu, bâtie par la main des hommes, où le mieux qu'ils aient pu faire lorsqu'ils en ont élevé les murailles et qu'ils les ont décorées du vêtement d'honneur, c'était d'y rendre palpable, autant qu'il est permis à l'impuissance humaine, la majesté du divin hôte, et le mieux qu'ils puissent faire encore en la visitant, c'est de se mettre sous l'impression de sentiments d'amour sans doute, mais mêlés d'une certaine frayeur et de l'adoration la plus profonde en s'aidant de tout ce qui peut les y porter : *paveant ad sanctuarium meum.* — Maison de l'âme, où on a dû s'efforcer de réunir le plus possible les éléments de sa vie, ce qu'il faut à son intelligence, à son cœur, à sa conscience peut-être, de la vérité, et de la vérité qui touche, et où il lui importe avant tout de découvrir ces éléments pour s'en nourrir, pour s'éclairer et s'améliorer.

Voilà le vrai point de départ de l'art qui travaille pour cette demeure de Dieu, pour ce foyer de l'âme. Les lignes, les proportions, les ordonnances, les ornements, les couleurs, le style, la richesse de la matière, rien de ce qui peut contribuer à la beauté matérielle d'un monument ne doit être négligé. — C'est un hommage au souverain Maître dont nous tenons tout ce que nous avons dans ce monde visible comme dans le monde invisible. C'est la part que lui fait notre reconnaissance dans les biens dont il nous a comblés. C'est l'aveu solennel de son domaine universel et de sa grandeur. Il serait inconvenant que le don fût médiocre; il est indispensable qu'il réponde, au contraire, à l'idée que nous nous faisons de la majesté suprême; et comme rien d'humain ne peut nous paraître en proportion avec elle, quand nous avons réalisé tout ce que nous pouvons imaginer de plus magnifique et de plus parfait, nous demeurons toujours infiniment au-dessous d'elle, et en faisant notre offrande à ce riche, qui est lui-même le plus merveilleux ouvrier, il nous reste éternellement à dire en toute humilité : — Mon Dieu, tout cela est mille fois indigne de vous.

D'ailleurs cette perfection qui ravit les sens et les saisit dans ce qu'ils ont de plus voisin de l'âme, en les gagnant, n'est-elle pas sur la voie de gagner l'âme aussi ? Là où l'œil est intéressé et le goût satisfait, il y a un mystérieux attrait qui fait que l'âme est attirée et s'y trouve bien. — Que cette beauté sensible de l'architecture soit donc une loi de l'édification des temples; mais n'oublions pas, encore une fois, que la fin principale et directe de cette œuvre, c'est l'âme elle-même; que tout ce qu'il y a de meilleur et de plus vital pour l'âme, c'est de penser, et, en conséquence, que le dernier mot de l'art auquel appartient cette attribution, c'est d'y *donner à penser.*

Un temple devrait donc être un vrai livre. Qu'importe que les instructions que nous avons à y recueillir sous la forme sensible des lettres ou des images s'y produisent sur le papier ou sur la pierre? Ce qu'il y a de plus essentiel à la nature d'un livre, c'est d'être une collection de vérités écrites ou figurées. Ce sont les murailles qui seront les pages; mais le rôle du lecteur sera le même et tout devra s'y passer pour lui dans le même ordre d'impressions et d'actions que lorsque notre curiosité rencontre un volume aux apparences séduisantes. L'éclat de la reliure dont il est revêtu, et l'intérêt du titre forment en nous un préjugé favorable au mérite de ce qui nous est encore caché et nous font un besoin de l'ouvrir. Et lorsque l'intérieur en est exposé à nos yeux, les marges couvertes de riches ornements aux caprices les plus neufs et les plus variés, les majuscules enluminées, les gracieuses miniatures viennent enchaîner notre attention qui, s'arrêtant d'abord au matériel de la lettre, est bientôt entraînée à remarquer les paroles, tombe sous le charme de leur signification et se trouve ainsi transportée de la région des sens dans celle de l'intelligence pure. Les caractères et les décorations qui les relèvent disparaissent à ses regards : elle ne voit plus que la vérité.

Que l'extérieur de cette maison de sainteté attire donc vers elle et engage à y entrer. Qu'il fasse pressentir à la piété qu'elle y sera à l'aise et que le séjour momentané qu'elle va faire dans cet asile sera pour elle plein de jouissances et de fruits; et qu'une fois le seuil franchi, il ne se rencontre rien, s'il se peut, qui ne l'attache et ne la ravisse, mais ne l'instruise et ne l'émeuve.

Et maintenant, si telle est la tâche de celui qui est chargé d'embellir le temple, si telle est sa dette à l'égard de celui qui doit venir y méditer et y prier, l'affaire de ce dernier n'est-elle pas de retrouver tout ce dépôt de vérités et de s'en pénétrer afin de pouvoir sortir plus éclairé et meilleur?

Sortir de la présence de Dieu *plus éclairés et meilleurs!* N'est-ce pas là l'intention qui doit nous y conduire? — *Accedite ad eum et illuminamini.* Qu'allons-nous faire là, si ce n'est nous mettre sous les rayons vivifiants de ce soleil qui brille surtout aux régions de l'âme, pour en recevoir lumière et chaleur, ces deux choses les plus nécessaires à notre vie et les plus douces à la conscience de notre être?

Au milieu d'une atmosphère glacée et de sentiers ténébreux, que le soleil est bien venu ! Pouvons-nous rester longtemps sous les vapeurs et les brumes de cette terre sans nous refroidir pour ce qui est notre unique bien et notre indispensable terme, sans nous égarer dans les ombres et les illusions d'ici-bas ? Oh ! que le rayon de la grâce tombe toujours à propos sur nous pour nous réchauffer et nous remettre dans la voie ! Ne dédaignons aucun de ces moyens d'influence. Ayons à cœur que rien ne nous échappe de ce qui est destiné à nous mettre en contact avec elle, à la ramener et à la développer en nous.

C'est là le service que nous avons la volonté de rendre aux pieux visiteurs de cette Chapelle, en publiant ce travail : nous venons leur donner ici toutes les explications qui pourront les aider, dans l'étude qu'ils désireront y faire, à ce point de vue, seul digne du chrétien.

Nous comprenons qu'une lecture suivie de cet ouvrage demanderait une mesure de temps qui n'est plus celle qu'on peut admettre dans une visite de ce genre. Aussi j'aimerais à conseiller, à ceux au moins qui ont le loisir d'y revenir à leur gré, de diviser cette étude et la lecture qui doit l'accompagner, et, en reprenant à plusieurs fois le cours interrompu de leurs observations, de se donner le temps de méditer sur chaque chose, pour le plus grand profit de leurs âmes. Que Dieu leur fasse accepter cette pensée; mais dans tous les cas, qu'il leur inspire pour cette lecture un intérêt, si, chargés quelque part de l'honneur de sa maison, en qualité de ministres de l'Église ou d'artistes voués par leur profession et leurs talents à la plus grande gloire du temple, ils peuvent y trouver l'idée d'étendre à d'autres lieux ce même genre de signification, trop négligé peut-être, et à d'autres âmes les effets précieux qu'il est appelé à produire.

CHAPITRE II.

De quel esprit nous devons être animés pour toutes les choses du bien et en particulier pour une église.

C'est un grand principe que de bien faire toutes choses : *Age quod agis.* A quoi sert-il de mal faire quoi que ce soit ? Autant vaudrait ne pas l'entreprendre. Or, on ne fait bien que ce qu'on fait avec pleine sympathie et avec amour. — Pour bien vous acquitter de la pieuse étude que nous venons de vous proposer dans le chapitre précédent, si vous en acceptez l'idée, commencez donc, cher lecteur, par écarter de vous toutes les dispositions qui pourraient refroidir votre attention et sous l'influence desquelles vous seriez exposé à ne voir dans cet ordre de choses qui va vous être offert que des objets peu dignes de votre intérêt et ne méritant même peut-être que vos mépris.

Et d'abord ayez horreur de ces partis pris avec lesquels on se fait une habitude systématique de critiquer tout, sans respecter même les œuvres du bien. — Il y a, en effet, des hommes qui ne jouissent et ne profitent de rien, parce que leur œil, vicié sans doute par une cause ou par une autre, ne réussit à voir en chaque objet que le côté désavantageux et qu'ils se sont fait comme une règle de n'y remarquer que les défauts; en sorte que, si la réalité n'en présentait pas, ils recourraient à l'imagination pour en trouver à leur gré, tant c'est pour eux un besoin fatal. En conséquence de cette disposition chagrine, vous ne les verrez jamais s'arrêter ni s'intéresser à aucune chose, quand même les objets offerts à leur appréciation seraient les plus propres de leur nature à faire naître dans l'homme les sentiments de la jouissance et tous les autres sentiments qui peuvent lui devenir un principe d'amélioration et le mettre le plus efficacement dans la voie de son bonheur. C'est toujours avec ennui et dégoût, avec impatience et défaveur qu'ils voient et qu'ils jugent. Il n'y a jamais chez eux de ces regards bienveillants dont procède l'attention affectueuse et recueillie, et surtout l'humble silence, devant une vérité qui se révèle. Tout ce qui paraît être le bien, dans quelque ordre que ce soit, est sûr de rencontrer près d'eux la prévention ennemie, les suppositions de la défiance, l'objection sous toutes les formes.

Cher lecteur, ne soyez pas de ces hommes vraiment à plaindre. Au lieu de cet œil usé que rien ne peut plus séduire, ayez, au contraire, cet œil neuf qui se laisse prendre au premier charme de ce qui est vrai et bon. Au lieu de cet œil sans cesse préoccupé, qui cherche toujours à voir autre chose que ce qu'il voit et tourne autour de toute vérité et de tout bien pour y surprendre quelque faible et y découvrir quelque abus, ayez cet œil simple qui accepte l'un et l'autre tels quels, sans arrière-pensée et sans réserve. Aimez surtout toutes les œuvres qui ont le cachet de Dieu et n'existent de leur nature que pour lui. — Une église n'en est-elle pas là? N'est-ce pas dans ce sens une œuvre de Dieu, faite pour en produire bien d'autres, puisqu'elle est faite pour qu'on y chante ses louanges, pour qu'on y prie, pour que les âmes s'y éclairent de sa lumière et s'approchent de plus en plus de lui par les moyens de sa grâce et par la vertu qui en est le fruit?

Il semblerait pourtant, à entendre parler quelques-uns, qu'une église de plus, c'est une sorte de calamité. Nous oserions demander à quel point de vue. Je comprends que pour s'entendre il faut avoir une langue commune, et je sais qu'à notre époque plus qu'à aucune autre, les mots comme les choses se dénaturent dans l'usage; en changeant de bouche, ils changent trop souvent de valeur. Il en est pour qui le mot de *bien* a juste la signification que d'autres donnent à celui de *mal*. Cette confusion des langues vient, hélas! de la perversion des idées. L'Enfer, qui est à jamais irréconciliable avec Dieu, a dans ce monde un parti qui est à sa parfaite ressemblance. Sur la terre comme dans les abîmes, ce sont des grincements de dents et des dépits sauvages devant tout ce qui annonce le règne et la gloire de l'ennemi commun. Les dédains sont la moindre expression de cette haine... S'ils étaient à même de contenter leurs désirs, ils feraient ce qu'ils ont toujours fait ; nouvelle espèce de barbares, ils ruineraient sans égards ce dont ils détestent le principe. En règle, ils n'applaudissent qu'à ce qui s'élève pour le progrès du sensualisme et de la licence que réclame cette idole de leur folie, et, malgré le culte qu'ils ont voué à tout ce qui est plaisir, ils ne trouvent pas, pour tous les ennuis que leur fait éprouver chaque manifestation des sentiments religieux qu'ils abhorrent, une compensation suffisante dans la beauté matérielle des églises, dans l'agrément des aspects qui en résultent pour la cité et dans les spectacles qu'elle peut offrir en conséquence avec orgueil, comme autant de richesses et de titres de gloire; car, comme personne ne l'ignore, ce sont là d'ordinaire les monuments qui l'honorent le plus. Laissons ces hommes et leurs irremédiables travers; aussi bien ils ne seront jamais nos lecteurs, argumentons pour d'autres.

Il faut avouer qu'il est triste que des hommes qui sont au point de vue chrétien partagent, dans une certaine mesure, ces appréciations. C'est toujours la parole de ce faux disciple du Sauveur : *Ut quid perditio hæc? Potuit istud venundari multùm et dari pauperibus.* « Pourquoi ces frais en pure perte? On aurait pu, au lieu de cela, réaliser d'abondantes ressources en espèces et en faire du bien aux pauvres? »

Est-ce donc perdre quelque chose que de le donner à Dieu, que de le consacrer à recommander avec convenance sa pensée aux hommes, à leur signaler avec quelque dignité sa présence quelque part, à lui offrir à lui-même au nom des peuples un témoignage permanent d'adoration et d'amour, mais qui n'ait pas, par une contradiction singulière, l'air d'accuser, à raison de sa médiocrité, trop peu de respect pour celui qu'on honore; enfin à réclamer des chrétiens l'observation des lois que ce Dieu leur a dictées, à mettre en lumière et à perpétuer devant eux les nouveaux oracles de sa colère contre ceux qui les méprisent? Et ce qu'on donne à Dieu de cette manière, est-ce vraiment perdu pour qui que ce soit? Toujours est-il que tous les hommes, au contraire, y gagnent un asile de repos et de consolation, un lieu d'éducation spirituelle, d'amélioration et de jouissance; mais aussi un lieu de propitiation et de grâces. Cette maison n'est fermée à personne; tous y ont un droit égal et peuvent en tirer, à parts égales, le profit de leurs sens et de leurs âmes. Si elle possède une magnificence, ne vous en scandalisez pas. On ne nommera jamais ceux que cette splendeur a ruinés, car, sans épuiser les ressources du riche qui y a versé quelque chose de son superflu, cette œuvre a même abondamment alimenté le travail d'un nombre de ceux qui vivent de leurs sueurs. Le luxe que vous remarquez ici n'insulte à aucune misère, comme pourrait le faire un certain luxe privé qui n'a sa raison d'être que dans les excès d'une vanité inutile ; car rien n'y sent l'égoïsme humain ; tout y est, au contraire, de meilleur augure pour ceux qui manquent et qui souffrent. C'est un signe que l'amour de Dieu n'est pas absent de ce monde, et l'amour de Dieu n'est possible qu'avec l'amour des hommes et le produit en proportion de lui-même. *Si quis dixerit quoniam diligo Deum et fratrem suum oderit, mendax est.* « Si quelqu'un dit qu'il aime Dieu, et qu'en même temps il déteste son frère, il n'est qu'un menteur. » — Or, l'amour de Dieu s'y double, s'y centuple sous l'action de la grâce qui y travaille les âmes et les y façonne mieux que partout ailleurs pour toutes les relations sociales comme pour toutes les vertus qui sont de la perfection chrétienne. L'église est donc la vraie source de tous les bienfaits de la charité. C'est dans le temple que le chrétien se forme et se développe. Comment ne pas aimer le temple ? Comment ne pas aimer tout cet éclat dont on revêt ses murs pour en relever l'intérêt, et surtout cette

décoration significative toute rayonnante des vérités qui font le chrétien, mais le ravissent aussi, et le font grandir dans la mesure qu'il s'y attache? Avec quel sentiment de faveur n'allons nous pas contempler toutes les images et tous les symboles qui viennent ici se dérouler devant nos yeux dans le but d'illuminer notre âme et de gagner notre cœur!

CHAPITRE III.

Motif et à-propos de l'édification de ce Sanctuaire.

Mais votre esprit se sentira peut-être arrêté par un doute de nature à retarder ces élans de l'âme. Il se demande si le fait que ce monument consacre est véritablement solide. On conçoit aisément que ceux qui n'ont point suivi cette question, qui n'en ont pris connaissance qu'en recueillant au hasard les bruits les plus légers et en sont sur ce sujet à de vagues impressions plutôt qu'à une opinion ferme et acquise par l'étude, aient pu attribuer quelque confiance à une opposition sans valeur. Ce qu'il y a de vrai, c'est que ce fait a été combattu, et providentiellement il devait l'être. Il fallait qu'il fût sérieusement discuté pour avoir le droit d'être accepté. Il fallait qu'aucune difficulté n'échappât aux juges qui devaient en connaître et que la sentence motivée qui avait à l'accréditer renfermât une réponse à toutes les objections à prévoir. Il fallait pour cela que l'hostilité vînt dès le principe en essayer les côtés qui pouvaient paraître faibles et épargner ainsi des surprises à la sagacité de ceux qui devaient d'autorité le déclarer certain. Il ne fallait pas que plus tard on eût à dire : — Ce fait n'a pas été suffisamment étudié dans son actualité. — Et maintenant que les vestiges accusateurs du mensonge sont effacés et qu'il n'en reste plus aucune empreinte, on a beau champ à affirmer. Il y a donc eu dès le principe une opposition acharnée qui a pris à cœur de ruiner de fond en comble l'assertion des deux enfants témoins de l'événement; et cette opposition n'a rien négligé pour arriver à son but. Mais en définitive, elle n'a rien renversé, ni même rien ébranlé, et la vérité qui demeure, c'est qu'elle n'a pour elle ni la considération des personnes, ni la force des raisons, ni la dignité des procédés.

Un seul nom reste attaché à cette cause, et c'est un nom flétri moins par les censures qui l'ont justement frappé à plusieurs reprises et antérieurement à cette affaire, que par les honteux écarts qu'il rappelle. On sait d'ailleurs que les arguments de cette opposition, armes douteuses qu'elle a dépréciées elle-même en les abandonnant pour d'autres, qui apparemment, à son propre jugement, ne valaient pas mieux, puisqu'elle en est revenue plus tard à ses premiers moyens, consistent uniquement dans des suppositions arbitraires et calomnieuses, reconnues fausses et même impossibles, et tombées enfin sous le dernier ridicule.

Après avoir essayé d'établir que les enfants avaient trompé, il ne s'est plus agi de cette hypothèse et on s'est attaché à cette autre qu'eux-mêmes avaient été trompés. On a attribué, le plus gratuitement du monde, ce rôle de criminelle imposture à une personne de tout point très-incapable de le remplir, soit à raison de son caractère connu de droiture et de sa piété incontestée, soit à raison de son âge avancé et de son physique dérogeant entièrement aux apparences aériennes qui doivent caractériser une apparition céleste, ainsi qu'aux formes, aux proportions et aux mouvements que lui prêtent les naïves descriptions des bergers [1].

On le lui a attribué, en immolant toutes les

1 Je transcris un passage de l'*Echo de la sainte Montagne*, par Mlle des Brulais. Ces quelques lignes ont vraiment leur place marquée ici :

« Figure-toi, dit l'auteur, dans une lettre adressée à une amie, (p. 304, lettre 4e) une personne de soixante ans, de taille courte, ronde, dépassant encore en circonférence ce que l'on a coutume d'appeler une très-grosse femme et qui roulait pesamment plutôt qu'elle ne marchait. Telle est sans exagération celle à qui l'on n'a pas trouvé qu'il fût trop incroyable de prêter le rôle de *cette belle Dame, plus grande que toute autre*, décrite par les jeunes bergers, si légère et si céleste qu'elle ne faisait pas plier l'herbe dont elle effleurait la cime !... Impossible à quiconque a vu Mlle de Lamerlière de ne pas sourire de pitié à cette absurde supposition. Aussi l'apparition de cette bonne demoiselle au milieu de cette innombrable assemblée de pèlerins de toute langue et de toute tribu semble-t-elle tout-à-fait providentielle..

» Mais revenons à notre entrevue ; je te laisse penser, ma bonne amie, s'il y eut promptement cercle et cercle à rangs pressés autour de nous. Mlle de Lamerlière nous disait : « Je suis venue ici, dans ce jour de solennelle réunion, tout exprès pour me montrer... Ne me suffit-il pas de me présenter pour démasquer l'imposture ? Car enfin, voyez comme je suis bien faite et bien tournée, pour m'enlever ! comme je suis de taille à pouvoir facilement apparaître tout à coup et surtout à disparaître si subitement, si lestement que nul n'a pu suivre mes traces. »

vraisemblances. Car comment admettre, si ce n'est dans un cerveau manifestement dérangé, mais qui doit en avoir fourni ou en fournira d'autres preuves équivalentes, l'idée singulière de préparer longuement et à grands frais un coup de théâtre du succès le plus éventuel et le plus douteux pour le lieu le plus inconnu et à dessein le plus obscur, pour un ou deux témoins qu'on ne voit encore que dans l'imagination et que le hasard pourra bien ne pas faire rencontrer? (Et quels témoins!) — Comment admettre cette résolution non moins singulière d'entreprendre, pour arriver à ce lieu indéterminé, à ce résultat d'un intérêt difficile à saisir, s'il est tel qu'on le désire, mais qui a tant de chances de n'être qu'une déception et ne promet dans ce cas qu'une ample moisson de mépris et de risées, un voyage lointain, très-pénible, et d'autant plus fatigant qu'il sera très-précipité, puisque, pour la veille même de l'apparition, à vingt-quatre heures au plus du fait, est constatée juridiquement la présence de l'actrice supposée à cent vingt kilomètres de la scène où elle doit se produire[1]?

1 « Le 18 septembre 1846, dit Mgr Ginoulhac, évêque de Grenoble, veille du jour de l'apparition, une signification et une assignation étaient faites à Mlle de L. par le ministère d'un huissier *parlant à sa personne*, dans son domicile de Saint-Marcellin, qui est éloigné de plus de 120 kilomètres de la Salette. — La pièce légale et authentique est en nos mains et l'huissier, qui vit encore, a certifié, comme nous l'a déclaré d'ailleurs Mlle de L., que la citation avait eu lieu sur les deux ou trois heures de l'après-midi. » (*Mandem. du 4 novembre* 1854.)

Et puis n'a-t-elle pas prouvé d'ailleurs directement son *alibi* pour le jour même? Ne sait-on pas qu'elle ne connaît et ne peut connaître le premier mot du patois que parlent les enfants et qui fait la moitié des frais des communications célestes; enfin que ni elle, ni aucune autre étrangère, n'ont été vues par personne sur les lieux, soit avant, soit après l'événement?

Mais quelque nom qu'il plaise d'évoquer pour en finir avec le miracle et mettre à la place une supercherie, par quelles suppositions arriver à expliquer naturellement et ces rayons éblouissants qui environnent le mystérieux personnage, et cette légèreté inouïe des pas qu'elle promène sur le gazon sans même en faire fléchir la pointe, et cette disparition merveilleuse, semblable à celle d'une vapeur qui s'évanouit ou d'un rayon qui s'efface? — Osera-t-on, à ce propos, prononcer le mot de *travestissements*, comme s'il pouvait répondre à toutes les difficultés et donner raison de tous ces phénomènes? Dites plutôt alors que les témoins n'ont pas vu et qu'ils sont menteurs. Mais il paraît que cette solution est loin de décliner tous les embarras et qu'elle en fait naître, au contraire, de plus grands encore.

Aussi l'opposition dont nous parlons, se sentant peu affermie sur de telles bases qui sont son unique point d'appui, a-t-elle cru devoir recourir à des manœuvres dont le parti de la vérité ne se fait jamais besoin, et en particulier à des tours d'adresse pour surprendre des adhésions, à des inventions outrageantes pour déconsidérer l'évêque diocésain et tous ses actes et pour jeter de faux jours sur la question, à des triomphes menteurs où elle voulait donner le change à l'opinion à propos d'incidents supposés, comme la prétendue rétractation de Maximin, ou mal interprétés comme le jugement de Mlle de la Merlière et le renvoi de sa plainte, lorsqu'elle demanda aux tribunaux réparation pour sa réputation outragée.

Mais il n'en est pas moins demeuré constant, d'autre part, que le témoignage des deux enfants porte avec lui le cachet de la sincérité; qu'il est parfaitement désintéressé; qu'il n'a jamais varié, malgré les innombrables épreuves auxquelles ils ont été soumis. Ce qui est constant encore, c'est que l'autorité, à laquelle il appartient de juger ce fait, l'a étudié sérieusement et même scrupuleusement, qu'elle a affirmé dans un jugement solennel qu'il offrait tous les caractères de la vérité, qu'elle a victorieusement répondu aux attaques par une défense sans réplique, que sa conduite dans toute cette affaire a obtenu une foule d'illustres adhésions, mais surtout toutes les approbations et tous les encouragements du Souverain-Pontife. — Ce qui est certain, c'est que le Chef de l'Eglise a donné toutes les marques de sympathie à la fondation du sanctuaire destiné à rappeler sur place le souvenir de ce fait, qu'il a montré une véritable sollicitude pour la dévotion à laquelle l'événement a donné lieu, autorisé une fête pour en solenniser l'anniversaire, érigé et comblé de grâces l'archiconfrérie qui en porte le nom et béni tous les pèlerins de la sainte montagne, enfin, flétri les opposants et dédaigné leurs attaques.

Est-il admissible qu'on ait favorisé à ce point un mensonge flagrant ou tout au moins un fait qui ressort des vraisemblances ordinaires et au sujet duquel les réserves de la défiance ne devaient tomber que devant les lumières les plus positives? — Est-il admissible qu'on l'ait favorisé dans quelque intérêt que ce fût et surtout dans l'intérêt du culte de Marie et de la gloire de Dieu, comme si on pouvait pactiser, ou s'exposer à pactiser, avec le mensonge et le mal, pour que le bien en résulte?

La conscience ne le permet pas, la sagesse le permet moins encore. Car ne serait-ce pas mettre la Religion en danger de subir des humiliations et lui préparer les opprobres du démenti et la déconsidération de son jugement ainsi que des doctrines et des faits qu'elle atteste d'ailleurs? — Tous ceux qui ont eu charge de se produire dans cette affaire auraient donc failli contre ces deux règles, si le fait n'est pas vrai. — Mais les évêques qui ont jugé, le Souverain-Pontife qui a appuyé, les prêtres qui ont prêché, les multitudes qui ont cru, n'ont pas seules mal travaillé pour le but qui était celui de leur intention et de leurs actes. Disons que l'Enfer, qui les aurait dans ce cas déroutés, a encore travaillé plus mal dans son but. Un mensonge, en effet, quel qu'en soit l'auteur apparent, surtout un mensonge affirmé avec tous les semblants de la conviction et de la sincérité et soutenu avec une invincible persévérance, ne peut venir que de lui et le mensonge dont il s'agirait ici est entièrement contre lui. Satan a-t-il jamais été si grossièrement maladroit?

Et maintenant, si le fait est vrai, avouez que de n'en prendre aucun souci et de négliger de nous renseigner sur ce qui pourrait y être à notre adresse, ce serait être bien dédaigneux des vérités que Dieu a jugées assez importantes à nous transmettre pour qu'il ait pris la peine de le faire par un prodige. Or si les simples considérations qui précèdent et qui sont l'exacte et véridique résumé de cette affaire, ne suffisent pas pour vous former une conviction à cet égard, le moyen naturel de vous enquérir, c'est de lire les pièces mêmes du procès, mais en particulier les mandements relatifs à cette matière des deux évêques successifs de Grenoble qui s'en sont occupés, et surtout celui de monseigneur Ginouilhac, du 5 novembre 1854. — Mais gardez-vous de cette présomption de vous croire plus de moyens et de grâces pour juger de ce fait que ne pouvaient en avoir les graves autorités qui l'ont fait avec tant de maturité, et d'ailleurs avec droit et mission, de regarder leurs actes comme non avenus et de vouloir rappeler à je ne sais quel tribunal de ce jugement si dûment rendu et remettre sans cesse en question une cause si parfaitement jugée.

Je suppose donc que vous voilà conduits à vénérer ce fait. Votre piété ne doit-elle pas se trouver heureuse que son souvenir ait reçu une sorte de consécration sur notre sol, qu'il lui devienne quelque chose de local par l'érection de cette église en l'honneur de Marie *réconciliatrice?* Quelques-uns ont pu prétendre qu'un pareil sanctuaire n'était à sa place que sur le lieu même où Marie est apparue. C'est là un principe très-contestable et contre lequel protestent bien des faits. Est-ce que Rome, par exemple, ne possède pas la basilique de *Sainte-Croix-en-Jérusalem?* Est-ce que Paris n'a pas son église de *Notre-Dame-de-Lorette?* La Religion ne s'est-elle pas fait une habitude de déplacer ainsi continuellement ses souvenirs pour les mettre à la proximité de tous et y mettre également les enseignements et les impressions qu'elle croit utile de faire parvenir à ses fidèles? Venons donc rechercher ici avec des lumières nouvelles la pensée de Marie ambassadrice de miséricorde et messagère des volontés de Dieu sur nous. Venons y recueillir les reproches qu'elle nous a apportés de sa part et les conseils que sa tendresse peut avoir à nous donner sous les menaces de la colère de ce maître insolemment provoqué. Qu'importent les distances pourvu que nos âmes soient atteintes, qu'elles soient touchées et qu'elles se rendent ? Venons adorer ici le Dieu du *Sinaï* et du *Calvaire*, et nous mettre sous la protection de la Vierge de *la Salette*, comme si nous étions sur les lieux mêmes. Les lieux ne sont rien pour les âmes, les vérités et les sentiments que ces vérités peuvent réveiller sont tout.[1]

1 Nous signalons aux lecteurs, entre autres ouvrages sur cette matière, *La Vérité sur l'événement de la Salette*, par l'abbé Rousselot; *Nouveaux documents sur l'événement de la Salette*, par le même; *Pèlerinage à la Salette*, par l'abbé Bez; *Nouveau récit de l'apparition de la Sainte-Vierge sur les montagnes des Alpes*, par Mgr Villecourt, évêque de La Rochelle; *L'Écho de la sainte Montagne*, par Mlle des Brulais; *Suite de l'Écho de la sainte Montagne*, par le même auteur, etc., etc.

CHAPITRE IV.

Aspect lointain de l'édifice.

Pendant que nous suivrons le sentier qui doit nous conduire à cette nouvelle école de notre âme, nous aurons déjà, si nous le voulons, quelque chose à recueillir pour son utilité. — D'autres pourront occuper les loisirs de ce trajet en donnant toute leur attention aux effets pittoresques de l'édifice, si son aspect en présente, ou du moins en s'appliquant à juger du degré de succès obtenu sous ce rapport par l'art qui en a mesuré les masses, disposé les lignes et fixé les contours. Laissons à ceux qui ne peuvent s'élever plus haut ces observations de portée secondaire. — Tant mieux, sans doute, si leur œil est satisfait. Cette maison de Dieu n'en sera que plus honorable dans leur estime, que plus attrayante à leur goût. Pour nous, ne prenons pour ces remarques que le temps qu'il nous faut pour nous mettre, s'il y a lieu, sous l'empire de cet attrait; mais hâtons-nous de tourner notre esprit à des considérations supérieures.

Et d'abord, si ces parties les plus visibles d'un temple qui, les premières, nous l'annoncent au loin, si ces tours d'où doit partir le signal des saintes réunions que doit contenir son enceinte, n'avaient d'autre objet que de faire entendre aux fidèles la voix qui les convoque, à quoi bon ce couronnement de la flèche de beaucoup plus important d'ordinaire que le beffroi qu'il recouvre et qui répond seul à ce motif? Mais, d'autre part, si la flèche a uniquement pour fin de terminer le clocher avec agrément et d'embellir le paysage au milieu duquel elle se dessine, qu'est-ce autre chose qu'une belle inutilité, mais une vanité dispendieuse? Ayons meilleure idée des intentions de l'art chrétien et soupçonnons une autre pensée dans la tradition qui a fait et confirmé l'usage de ce genre de monument.

Le point d'espace, si resserré qu'il soit, où par un miracle de sa bonté, un Dieu réside en substance pour être dans cette condition plus accessible aux hommes, et les ennoblir, les diviniser par son contact dans d'ineffables intimités, peut-il être signalé de trop loin à l'amour du vrai croyant? Quelle jouissance à l'âme pénétrée de cette foi que cette pensée : Il est là, celui pour lequel et duquel je vis ici-bas et qui sera ma félicité éternelle! *Regem cui omnia vivunt!....*

Quand le cœur n'a plus auprès de lui l'être aimé dont il fait ses délices, ce lui est encore une sensible jouissance de saisir par quelqu'un de ses sens les objets qui touchent à ce cher absent et sont, pour ainsi dire, les témoins de sa vie. On se tourne d'instinct du côté où le navire fendant les flots emporte loin de nous un époux, un père, un frère, un ami. On suit de l'œil sa demeure flottante jusqu'aux dernières limites où le regard peut atteindre, et là où le regard s'arrête, la pensée lui continue seule cette conduite de l'amitié et fait avec lui tout le voyage. Mais lorsqu'après bien des jours réapparaît à l'horizon ce navire aux formes que l'œil n'a point oubliées et que la tendresse le rend habile à reconnaître, le regard se hâte de revenir à ce poste du cœur et déjà commence pour le spectateur intéressé un sentiment de possession que bientôt vont compléter les embrassements du retour.

Et vous, d'aussi loin que vous apercevrez les dômes de cette divine résidence, rappelez-vous ce glorieux ami dans lequel se trouve la réalité de tous les titres qui sont sacrés pour le cœur et de tous les mérites qui en commandent les affections. — Quel attrait pour y attacher vos yeux! Comme toutes les fibres que peut remuer en vous la foi doivent déjà tressaillir à ces premières atteintes de sa présence! Il est là. Reconnaissez-le par la pensée, adorez-le en conséquence, et préparez lui les protestations de votre amour.

Mais ce trésor de significations que nous offre la flèche n'est pas épuisé déjà par ce premier jet de lumière. Prêtons encore notre attention.

La flèche n'est-elle pas aussi comme une espèce

de doigt indicateur qui, en attirant notre vue vers le ciel, où elle-même semble prendre, on dirait, un essor et où elle a l'air de se perdre, montre à nos pensées la direction qu'elles doivent avoir et qu'elles doivent communiquer à toutes les actions de notre vie? Hommes de l'éternité qui cherchons dans ces mêmes régions notre demeure permanente, élevons-nous donc avec elle vers ce terme de toutes nos aspirations, de tous nos pas et de tous nos mouvements, pour y recevoir comme elle notre couronne.

La flèche n'est-elle pas comme le monument du triomphe de Jésus sur le monde, portant le plus haut possible et exaltant jusqu'aux nues l'instrument et le signe de sa victoire, annonçant avec éclat le bienheureux règne du Sauveur : *Christus regnat, Christus imperat*; « le Christ règne, le Christ commande? »

Mais la flèche symbolise surtout l'élancement de la prière, et dans la combinaison des motifs dont son ensemble architectural se compose, elle nous en retrace à la fois tout le dogme et toute la pratique.

Elle monte en haut comme la prière; et, près d'atteindre le sommet où s'arrête son élan, elle rencontre la croix de Jésus, qui la rapproche encore du ciel et lui devient un intermédiaire entre elle et le séjour de Dieu. N'est-ce pas là la prière elle-même qui ne peut arriver au trône de la miséricorde que par l'unique médiateur, l'agneau crucifié dont la mort nous a fait des droits à la clémence divine et qui ne cesse de faire valoir ces droits auprès du maître tout puissant de nos destinées?

Mais si, pour nous adresser directement à Jésus du fond de notre misère, la transition est encore brusque et hasardée, voilà une utile médiation dont le recours nous est recommandé et sera peut-être plus accessible puisqu'il ne s'agit ici que d'une pure créature, si privilégiée qu'elle soit, tandis que si Jésus est notre semblable, il est en même temps et avant tout notre Dieu. — Ici donc nous sortons au moins par un détail de la généralité qui est la règle ordinaire du couronnement de ce genre d'édifice. Entre la pointe de la flèche et la croix qui la termine, vous apercevrez l'image de Marie, de Marie dans les attributs de cette apparition où elle s'est si manifestement montrée médiatrice, nous révélant tout ce qu'elle éprouve de peine pour retenir le bras de son fils prêt à nous frapper et devenu trop lourd pour elle par suite de nos incessantes provocations. — Ah! c'est bien à elle qu'il faut en effet nous adresser d'abord pour qu'elle nous conduise à son fils, pour que son fils irrité s'apaise et qu'il consente à nous introduire lui-même sous les regards de la miséricorde de son père et à nous réconcilier avec lui; — c'est à Marie dont le cœur est tellement à nous, qu'elle a pleuré sur nous, sur nos écarts, sur nos malheurs et nos dangers.

Nous pouvons concevoir déjà que ce sanctuaire qui nous apparaît est un lieu où on l'invoque et où sans doute elle a donné des preuves de sa bonté pour les hommes et de l'efficacité de la protection qu'elle accorde à ceux qui l'y prient. — Allons-y donc le cœur plein de prières. Identifions-nous à notre époque, à la société au milieu de laquelle nous vivons. Sachons-en et ressentons-en les besoins et les périls; sachons et sentons nos propres besoins et nos propres périls; ou plutôt, dans l'impossibilité où nous sommes d'en comprendre toute la réalité, inclinons-nous devant ces mystères connus de Dieu et de Marie et disposons-nous à entrer dans ce sanctuaire avec la pensée de rendre Marie et par Marie Dieu lui-même propice à tous nos maux comme ils peuvent les voir dans la pleine et infaillible lumière de la vérité.

Ainsi les objets de l'ordre matériel qui représentent des intérêts si fugitifs et si pauvres, peuvent contribuer par les analogies qu'ils ont avec les choses spirituelles à élever nos pensées et nos sentiments, à nous grandir tout entiers. Ils peuvent devenir au chrétien des instruments de vertu et de salut; mais quand sera-t-il plus à propos d'en faire cet usage que lorsque ces objets, par leur incorporation au temple, sont déjà au service de l'idée chrétienne? Ne craignons donc pas alors de nous ingénier à leur trouver un sens, ni de nous emparer dans ce but de celui qu'ils nous présentent pour ainsi dire d'eux-mêmes. — En conséquence, ne laissons point échapper à ce genre d'interprétation où la piété trouve son compte, cet appareil protecteur, résultat des observations de la science moderne, destiné à garder le monument contre le feu du ciel, cette aiguille qui s'élance du sommet de la croix comme une aspiration suprême et devra, au moment des orages qui menaceront ce temple et ses alentours, se charger du terrible fluide, principe de la foudre, et en arrêter les effets dévastateurs. — Notre foi va reconnaître là un emblème consolant de ce que Jésus gagné par les supplications de Marie, que nous aurons nous-mêmes touchée par nos prières, va faire en faveur des hommes, mais sur un rayon plus étendu, sans doute, que celui qui se trouve ici préservé des coups du tonnerre. — A ce moment où les orages des passions humaines, enivrées et excitées par la colère de Dieu, dans le but de ses vengeances, grondent partout et font entendre d'épouvantables menaces prêtes à tout embraser et à tout détruire, saluons cet espoir dans le signe qui le représente avec tant de bonheur. Si Marie prend en main notre cause, ce sera notre ville, la Bretagne peut-être, ou même la France, qui, grâce à cette intervention secourable, seront sauvées. Et pourquoi ne serait-ce pas le monde entier? — Reposons-nous dans cette confiance tout en faisant nos efforts pour y acquérir des droits. — Et voilà qu'en accueillant l'un après l'autre dans l'ordre des occasions qui les font naître, ces pensées et ces sentiments qu'elles provoquent, nous avons achevé notre parcours. Nous voilà rendus au seuil du temple et devant ses portes où de nouveaux sujets de méditations vont encore nous arrêter.

CHAPITRE V.

Les portes.

Ne fût-ce que pour obéir à un juste sentiment de respect, les portes du temple valent bien un regard et un moment d'arrêt, quand même elles seraient entièrement dénuées de cet intérêt que peuvent prêter à une œuvre de ce genre une exécution habile et le charme de la pensée. Les anciens fidèles faisaient plus. Ils leur rendaient un véritable culte, les baisaient, se prosternaient devant elles et s'y mettaient en prières, voyant sans doute, dans les vives illuminations de leur foi, rayonner à travers un si faible obstacle la majesté de celui qui habite mystérieusement dans ce lieu dont elles protègent l'entrée. *Moris enim erat adeuntibus basilicam, ante ejus ingressum, ad limina procumbere, postes deosculari ac preces fundere.* (Baronius, *Martyrol. Roman.*, Nov. 18.)

C'était un sentiment semblable à celui que le patriarche Jacob éprouva au réveil de ce songe où la gloire de Dieu s'était manifestée à lui et qui lui avait inspiré ce cri de sainte frayeur : « Que ce lieu est terrible ! C'est là certainement la maison de Dieu et la porte du ciel. » *Quam terribilis est locus iste! Non est hic aliud nisi domus Dei et porta cœli.* — Par le fait que manque-t-il ici à la vérité de cette parole ? Oui, vous touchez à la demeure de ce grand et redoutable maître, et la porte devant laquelle vous êtes, est bien la porte même ou tout au moins l'avant-porte du ciel, comme cette maison terrestre où s'est fixé ici-bas le Dieu, sauveur des hommes, pour les conquérir aux délices de sa maison éternelle, en est vraiment le vestibule. — Il n'y a rien de moins ici que ce qui apparaissait à Moïse dans le buisson ardent et lui rendait cette terre tellement sacrée qu'il ne lui était pas permis d'y faire un pas de plus et qu'il dut y quitter sa chaussure. *Ne appropies hùc, solve calceamentum de pedibus tuis, locus enim in quo stas terra sancta est.* C'est bien encore le Dieu du buisson ardent qui se révèle ici et y vit nuit et jour au milieu des flammes inextinguibles de sa brûlante charité pour nous.

D'une part, cette grandeur dont le poids infini écrase notre faiblesse, cette sainteté devant laquelle nos justices sont si défectueuses et si ternes, et d'autre part, tant de misères accumulées, tant de péchés, tant de néant !.. Quelles impressions de confusion, quels frissonnements de terreur ne conviennent pas à la créature si près de son créateur ! N'aura-t-elle pas besoin de se dire : N'allons pas plus loin, ce lieu est déjà trop saint pour moi. Il est bon qu'il y ait quelque chose qui me sépare de cette gloire dont les anges mêmes ne peuvent supporter l'éclat. — Si caché que ce Dieu me soit, la pensée d'être si près de lui, m'inspire un invincible effroi. Il faut une distance à la libre expression de mon adoration ; autrement ce serait à en mourir de frayeur.

Il est vrai que la miséricorde de Dieu a créé pour nous un nouvel ordre, et que celui que nous venons adorer, depuis cette époque où il voulait être redouté, s'est fait notre semblable et notre frère, qu'il nous regarde non plus comme des êtres de condition servile, mais comme des amis et se plaît à nous donner ce titre et à nous en assurer tous les droits et les priviléges : *Jàm non dicam vos servos... vos autem dixi amicos ;* en sorte qu'à ne tenir compte que de ses charitables avances, de ses incompréhensibles familiarités, de son profond oubli de lui-même, des merveilleux et délicats procédés par lesquels il dissimule sa majesté pour se faire plus accessible et des désirs manifestés de son cœur, c'est une loi pour nous de ne plus craindre, mais, au contraire, de nous sentir entraînés, de nous approcher avec bonheur de lui presque jusqu'au contact, que dis-je ? de nous en approcher jusqu'à la miraculeuse incorporation.

Toutefois, comme l'incomparable dignité de celui qui nous honore reste toujours, la convenance réclame toujours aussi que nous nous présentions à lui avec tout ce qui témoigne le respect. Quelle que soit la condescendance d'un souverain et ses prévenances amicales pour le plus humble de ses sujets, celui-ci ne peut, sans déroger à toutes les règles et à tous les sentiments, franchir le seuil du palais et se produire au milieu de la cour dans l'abandon du dernier négligé. — Le roi que nous venons visiter, ne regarde pas aux vêtements qui couvrent le corps avec plus ou moins d'éclat, mais il regarde à ce que nous avons dans l'esprit et dans le cœur, et à un moment surtout où on nous l'annonce irrité contre les hommes et prêt à donner des preuves redoutables de son ressentiment, dans un sanctuaire érigé à l'intention de conjurer les effets de sa divine colère, lorsque d'ailleurs nous ne savons si personnellement nous sommes dignes d'amour ou de haine, n'est-il pas sage autant que juste de venir l'aborder avec des pensées et des sentiments auxquels, s'il se peut, il ne trouve rien à reprendre, mais qui, au contraire, nous recommandent à sa clémence et à sa faveur?

Voilà donc dans quel sens ont dû travailler ceux qui avaient à embellir l'entrée de ce temple. Ils ne pouvaient être satisfaits de leur œuvre, si elle n'eût exposé aux regards des fidèles que des décorations oiseuses et vides d'idées. Il fallait ici à la piété quelque chose de parlant et qui l'aidât à se mettre dans la vérité de sa situation prochaine.

Puisque le temple bien compris est un livre, comme nous le disions précédemment, c'est ici le lieu d'en retrouver le titre ou encore les *prélimi-naires.* C'est le lieu de lire l'annonce sommaire des vérités qui, dans l'intérieur, vont s'offrir à nos méditations.

Il s'agit d'un monument commémoratif de cette apparition où Marie est venue nous avertir des malheurs qu'allaient attirer sur le monde les mépris qu'on y fait de la loi de Dieu. N'est-il pas dans l'ordre que les hommages que nous allons rendre à ce Dieu qu'on adore dans les sanctuaires chrétiens prennent dans celui-ci comme un reflet et une couleur de ces pensées et que nous nous y produisions avec un cœur soumis à cette loi sainte et terrifié des menaces de la justice divine, décidée à venger son autorité méconnue?

C'est juste à ce besoin que vient répondre cette image qui se détache en demi-relief sur le tympan de l'entrée principale : le Christ législateur. — Assis dans le repos de son éternité, il est couronné comme un monarque sans égal ; car il est le Roi des Rois et le Seigneur de tous ceux qui ont un domaine ; *Rex regum et dominus dominantium.* — Pour exprimer cette royauté qui embrasse et absorbe toutes les royautés, il fallait autre chose qu'une couronne ordinaire. Le diadème qui ceint son fr ont, c'est la tiare qui par l'accumulation de ses couronnes symbolise, autant qu'elle peut, ce sommet suprême de la puissance et de la majesté. *Et in capite ejus diademata multa.* — (Apoc. C. 19, v. 12 id.) Il tient dans sa droite le sceptre, signe de l'autorité qui commande et, par le fait, il commande. Le monde a entendu et connaît sa loi. Promulgateurs et témoins de cette loi, Moïse et l'Église se dressent à ses côtés. Mais lui-même, qui, en la donnant comme un bienfait nécessaire, a laissé à l'homme la liberté de s'y soumettre pour son bien, ou d'y résister pour son malheur, surveille et attend. Il attend pour récompenser ou pour punir. Vous pouvez remarquer enlacées dans son sceptre les couronnes dont il paie les serviteurs dévoués de sa volonté. C'est le Dieu *rémunérateur.* Mais, en même temps, il porte dans sa gauche le glaive de feu, dont il frappe les ennemis de ses décrets divins. C'est le Dieu des *vengeances ; Deus ultionum Dominus.* Et pour compléter la lumière sur cette vérité capitale de notre destinée, deux figures se présentent encore et, tout en ornant les contreforts qui encadrent cette entrée, achèvent de nous instruire et de nous solliciter dans ce sens. — D'un côté c'est *la Miséricorde* avec cette encourageante parole pleine de l'éternelle promesse : *Euge, serve bone ;* « courage, ô bon serviteur. » — De l'autre, est *la Justice* avec cette sentence effrayante inscrite sur son glaive brûlant, laquelle ne devrait jamais cesser de retentir à l'oreille de notre âme :

Ite, maledicti, in ignem æternam ; « allez, maudits, aux feux éternels. »

Ne passons pas sans regarder ces choses, sans nous pénétrer de cette crainte du Seigneur qui est le commencement de la sagesse, de ce respect, de cet amour de la loi chrétienne qui peuvent compter pour cette sagesse elle-même, car quiconque respecte et aime du fond de son cœur la loi, nécessairement l'observe ; de ce regret profond de nos fautes, de la terreur des divins jugements ; mais du désir des éternelles récompenses. Et si vous remarquez sur toutes les portes les images de la croix et les souvenirs de l'apparition, laissez-vous aller aussi aux sentiments de confiance que doivent nous inspirer la pensée de Jésus qui nous a sauvé par la croix, la pensée de Marie qui, dans cette circonstance, s'est montrée si ardente pour nos intérêts compromis.

Mais pourquoi, sous des impressions qui vont si directement à l'honneur de Dieu et sont si sanctifiantes pour nous-mêmes, craindrions nous de nous introduire dans le saint lieu ? Franchissons donc le seuil et entrons.

Toutefois, en entrant, dépouillons avec soin tout ce qui dans nous serait profane. — Purifions-nous de cette poussière et peut-être de cette boue dont les cœurs religieux eux-mêmes, comme le dit saint Léon, ne peuvent éviter de se salir dans les contacts de la vie. (Serm. 4, quadrag., C. 1). *Dùm per varias actiones vitæ hujus sollicitudo distenditur, necesse est de mondano pulvere etiam religiosa corda sordescere.*

Voici donc un vase d'eau placé à l'entrée et sur les bords duquel vous pouvez lire ces paroles du Psalmiste : *Asperges me hyssopo et mundabor, lavabis me et super nivem dealbabor.* « Vous m'aspergerez, Seigneur avec de l'hysope et je serai purifié, vous me laverez et je deviendrai plus blanc que la neige. » Il y a là un mystère de grâce. Il n'est pas question, évidemment, de procurer cette blancheur éclatante ni à nos vêtements, ni à notre chair. Qu'en ferions-nous? Mais c'est notre âme qui a besoin d'être nette et ne le sera jamais assez pour s'exposer aux regards du Dieu très-saint. Cette eau matérielle n'est donc là que comme le symbole visible d'une eau invisible mêlée d'un peu de sang divin qui, pendant que nous appliquerons celle-là sur notre front et sur notre poitrine en formant sur nous le signe du salut, opérera sur notre conscience dans la mesure des dispositions de notre cœur, y effacera les légères taches du passé, si elle n'en a pas d'autres, y fera épanouir la grâce comme la rosée fait épanouir la fleur. Telle est la vertu qu'ont attachée à ce signe les bénédictions de l'Église.

Afin que la même instruction ait pour le fidèle l'intérêt de la variété, nous pourrons ailleurs, à la place analogue, rencontrer ces autres paroles qui expriment la même secrète opération de la main divine : *Effundam super vos aquam mundam et mundabimini.* « Je répandrai sur vous une eau pure et vous serez purifiés ; » ou celle du lépreux de l'Évangile : *Domine, si vis, potes me mundare.* « Seigneur, si vous voulez, vous pouvez me purifier. » Ou encore le conseil de saint Paul aux Corinthiens (IIme C. 7, 1) : *Mundemus nos ab omni inquinamento carnis et spiritûs, perficientes sanctificationem in timore Dei.* « Purifions-nous de toutes les souillures de la chair et de l'esprit, achevant notre sanctification dans la crainte de Dieu. » Ou bien ce mot du Psalmiste : *Cor mundum crea in me, Deus, et spiritum rectum innova in visceribus meis.* « Créez en moi un cœur pur, ô mon Dieu, et renouvelez-y l'esprit de droiture. » *Ampliùs lava me ab iniquitate meâ et à peccato meo munda me.* « Lavez-moi de plus en plus de mon iniquité et purifiez-moi de mon péché. » Ou encore : *Ab occultis meis munda me, Domine, et ab alienis parce servo tuo.* « Effacez en moi, Seigneur, les fautes que j'aurais sur ma conscience sans le savoir, et pardonnez à votre serviteur celles dont il aurait pu être cause pour les autres » (Ps. 18) ; enfin ces paroles que les conseillers de Naaman lui adressèrent en confirmation de celles du prophète Élisée : *Lavare et mundaberis.* « Lavez-vous et vous serez purifié. » C'est toujours au fond la même idée et la promesse du même effet. Empressons-nous d'accepter l'avantage qui nous est offert, et maintenant nous voilà entrés.

CHAPITRM VI.

Intérieur de l'église.

C'est ici que nous avons besoin d'être fortement saisis par la foi, pour sentir la majesté de Dieu peser sur notre néant et, sous cette pression, lui rendre l'hommage le plus humble, le plus respectueux, le plus ardent qu'il soit possible. Fussions-nous des anges de l'ordre le plus sublime, par quels abaissements assez profonds pourrons-nous jamais reconnaître les abîmes qui nous séparent du sommet d'où il nous regarde ? Fussions-nous les plus brûlants séraphins, par quelles paroles embrasées, par quels élans du cœur pourrons-nous jamais balancer et égaler les titres qu'il possède à notre amour ? Oh! que toutes les conceptions humaines sont impuissantes pour nous exalter et nous monter à ce niveau ! Non, jamais l'homme ne fera rien, ni d'assez élevé, ni d'assez vaste, ni d'assez magnifique pour nous rendre sensibles la grandeur de ce roi suprême, son immensité et sa richesse. — Impuissance, impuissance humaine ! Vanité de toutes ses ressources pour atteindre un tel but ! Quand vous construisez un temple, étonnez l'imagination par l'étendue démesurée de son enceinte, par l'élancement des voûtes au-delà de toutes les hauteurs usitées, par l'imposante énormité des masses qui auront à s'y détacher. Multipliez-y toutes les richesses connues de l'art et de la nature, les colonnes, les moulures, toutes les inventions les plus nouvelles, les plus savantes et les plus ingénieuses de la décoration. Que l'or et les pierres précieuses y brillent à profusion. Que la couleur y distribue harmonieusement toutes ses nuances et y produise tous ses effets les plus recherchés. Qu'avez-vous fait, pauvres hommes? Vous avez réalisé de l'extraordinaire, du gigantesque pour vous qui voyez cela d'en bas, vous avez exécuté des choses éblouissantes à voir, étourdissantes à contempler, mais c'est toujours de l'humain et devant votre œuvre, l'âme aussi dit toujours : Non, ce n'est point là le vrai palais de mon Roi; sa demeure, pour être digne de lui, doit être encore plus belle et plus opulente. Il est plus grand, il est plus digne que tout cela... ce n'est pas divin. C'est déjà, il est vrai, un témoignage rendu à sa gloire, et peut-être le seul que puisse inspirer le spectacle des plus grandes choses qui soient sorties de la main des hommes, et s'il ne suffit pas à votre gré, il est permis, il est même dans l'ordre de balbutier, de se trouver à court en sa présence. Qu'avons-nous de mieux à y sentir que notre misère? Qu'avons-nous de mieux à lui dire sinon que nous ne sommes rien, que toutes ces choses, qui sont de l'homme, ne sont rien devant lui?

Après tout, n'oublions pas que le temple où nous sommes ici, lui a été érigé sous le nom de Marie. Cela veut dire, sans doute, qu'il appartient à Marie de lui faire les honneurs de cette maison et, en conséquence, de lui présenter ceux qui y viennent pour lui rendre leurs devoirs et de lui offrir elle-même leurs adorations et leurs prières. Mettons-nous donc entre les mains de Marie et reposons-nous sur elle des embarras de cette introduction et du succès de notre démarche, mais commençons par saluer la maîtresse titulaire de cette demeure, et par nous incliner devant sa gloire et sa puissance.

Déjà les vitraux nous mettraient, au besoin, sur la voie de cette première obligation de convenance. Nous pourrions, en effet, remarquer dans les quatre-feuilles de la tête des premières fenêtres, celles qui dominent la tribune, ces inscriptions dont la source vous est connue : *Ave Regina cœlorum. — Pro nobis Christum exora.*

Reine des cieux ! que vous êtes digne en tout lieu de vénération ! Mais quel droit n'y avez-vous pas dans celui-ci qui est spécialement à vous ? Nous vous saluons donc. Et quand nous savons de quel accueil empressé et charitable vous êtes pour tous ceux qui s'adressent à vous, que nous sommes heureux de vous savoir aussi ce titre ! Reine des cieux, qui est plus près que vous du Roi des cieux dont nous avons tant à redouter et tant à attendre ? Prenez donc en main nos besoins et nos désirs. Nous vous les confions avec assurance et recommandez-les à ce Dieu dont vous avez l'oreille et le cœur plus que personne, puisque vous êtes sa mère. *Pro nobis Christum exora.*

Nous avons prié ! N'allons pas néanmoins regarder notre tâche comme une chose accomplie, ni croire que nous avions le droit d'être aussitôt entendus, et que maintenant nous avons celui de tout espérer. Pour arriver au but de la prière, il ne faut pas se borner à un simple effort. Dieu exige de notre part l'importunité soit qu'on s'adresse directement à lui, soit qu'on emploie pour arriver jusqu'à lui un intermédiaire accrédité près de sa grâce. Il en est de tous les objets que nous voulons conquérir par ce moyen, comme de l'objet suprême de toutes les ambitions chrétiennes, c'est-à-dire du ciel lui-même. *Violenti rapiunt illud.* — C'est par des attaques redoublées, comme une place forte qu'on l'enlève. Frappez, et on vous ouvrira. Préparons donc un assaut décisif, et dans cette vue ramassons toutes les forces qui peuvent nous devenir un élément de succès. Notre force dans la prière, c'est d'abord notre dévouement de serviteur éprouvé à l'égard des protecteurs dont nous invoquons le secours et ensuite notre confiance sans limites dans leur puissance, dans leur bonté, dans leur zèle pour nos intérêts. L'exercice qui nous viendrait à faire en ce moment, est de nature à produire en nous relativement à Marie ces dispositions pleines d'opportunité. Il s'agirait de repasser d'un regard toutes les vérités les plus glorieuses pour elle, les plus capables de nous attacher à son culte, de relever à nos yeux l'efficacité de son patronage qu'aient proclamées dans le monde les bouches les plus remarquables et les plus autorisées parmi celles qui se sont vouées à sa louange.

Nous allons retrouver ces vérités dans leur ordre doctrinal, présentées par les saints personnages eux-mêmes qui les ont le plus heureusement formulées, ou les ont fait connaître aux hommes. Le champ où ces légendes ont à se développer dans ces conditions, les limitait ainsi que leurs supports au nombre de seize, où elles peuvent se grouper sous trois chefs, celles qui demandent pour Marie notre admiration, celles qui réclament pour elle notre amour, celles enfin qui la récommandent à notre confiance. Naturellement, les personnages commandés dès lors par les vérités qu'ils annoncent, n'auront point d'autre rang dans cette série de figures que celui qui est assigné à chacun par la place dans le corps du dogme de la sentence qu'il déroule sur sa banderolle. Et c'est dans les vitraux que nous allons voir d'abord cette suite intéressante des mérites de l'auguste Marie. Quoi de plus propre à réchauffer la prière qui viendra s'épancher ici? Mais ce cadre, à l'accomplissement duquel seront affectées les fenêtres de la nef étant une fois rempli, les vitraux dans les autres parties du temple nous retraceront d'autres sujets qui seront la confirmation de ces témoignages, nous donneront à comprendre le rôle de Marie dans l'Église et après l'exposé assez complet dans ce but des événements les plus récents, où ressort son intervention de miséricorde et qui, du reste, sont devenus le motif de la construction de cette église et lui ont fourni son vocable de *Notre-Dame de la Salette*, solliciteront, en conséquence, de nos cœurs les sentiments de circonstance.

Nous voilà donc ramenés par un rapprochement qui me semble heureux, sur le terrain du symbolisme. Remarquons, en effet, que ces mêmes fenêtres en même temps qu'elles procurent à l'œil du corps la lumière dont il a besoin pour diriger les pas qu'il guide, et pour apprécier les aspects de cet intérieur, jettent aussi pour l'âme leur mystérieuse clarté sur tous les objets qui s'y rencontrent à son intention. Et de même qu'on profite du jour matériel pour jouir, pour marcher, pour atteindre son but, profitons aussi de ce jour tout céleste pour nous délecter de ce que nous voyons, pour avancer dans ces sentiers de l'âme, et pour toucher ce terme que nous souhaitons. Le spectacle de la gloire de Marie est doux à contempler. Tout en parcourant les merveilles, arrivons à cette dernière profondeur du sanctuaire où elle se tient en fidèle assistante du trône de son Fils, et parvenus jusque-là, sous l'impression de tous les titres bénis qui la signalent aux divers sentiments de notre cœur, renouvelons lui nos supplications, non pour qu'elle les entende mieux, car elle entend également de partout, mais pour que nous-mêmes, désormais plus près d'elle, et après tout ce chemin fécond en enseignements, nous sentions mieux et que notre voix y gagne un accent plus pénétrant de prière.

CHAPITRE VII.

Vitraux de la nef.

1re TRAVÉE.

I.

Nous allons donc en remontant la nef regarder d'abord la première fenêtre à notre droite, puis sa correspondante à notre gauche, et nous ferons ainsi pour les trois travées qui suivent.

Dans chacune de ces verrières adressons notre première attention aux quatrefeuilles à fonds d'azur qui s'y produisent vers la moitié de leur hauteur et lisons l'inscription qu'ils contiennent.

C'est pour ainsi dire comme l'énoncé du point de dogme que viendront établir, chacun à leur tour, dans l'ordre proposé, cette succession de glorieux témoins. Après nous être appliqués à les reconnaître pour apprécier, par l'autorité de leur nom, celle de leur affirmation, nous recueillerons leur témoignage, et, si vous l'agréez, nous en approfondirons le sens.

1. Saint Bernard. — Marie, objet de tous les temps.

Le premier titre qui se présente, c'est : *Marie, objet de tous les temps*, et c'est *saint Bernard* qui vient l'appuyer de ces paroles : MARIA NEGOTIUM SÆCULORUM. « Marie, la grande affaire des siècles. » Mais pour mieux saisir la pensée du saint docteur, donnons l'ensemble de ce texte dont le peu d'espace, offert par le vitrail, ne nous permettait de reproduire que le trait saillant. Voici ce texte : *Ad illam, sicut ad arcam Dei, sicut ad negotium sæculorum.... respiciunt et qui in cœlo habitant et qui in inferno et qui nos præcesserunt, et nos qui sumus et qui sequantur et nati natorum et qui nascentur ab illis.* — « Vers elle, comme vers l'arche de Dieu, comme vers *la grande affaire des siècles....* se dirigent les regards et de ceux qui habitent dans le ciel, et de ceux qui sont dans les flammes expiatoires [1], de ceux qui nous ont précédés, de nous qui sommes maintenant, de ceux qui nous suivent et des fils de leurs fils et de ceux qui naîtront d'eux. » (Serm. II de Pentec.)

Quel centre que Marie ! comme tout converge vers elle ! Ne semble-t-il pas que dans la création elle occupe la place unique de Dieu lui-même ? cette place qu'il ne peut céder à personne, ni partager

1 *Qui in inferno ut eripiantur* (*ibid.*).

avec un autre? C'est qu'il y a d'abord une obligation qui nous enchaîne à elle. C'est la dette des générations qui se paie. C'est la loi prophétique, prononcée sur ces générations, qui s'accomplit. — *Beatam me dicent omnes generationes.* « Les générations me diront bienheureuse. » — Marie, par le fait du décret divin, est comme une espèce de fin dernière dont le besoin fait agir, sans qu'ils s'en rendent compte, les siècles et les hommes qui en sont les éléments. Ils resteraient débiteurs de quelque chose à leur fin absolue qui est Dieu, s'ils ne s'occupaient pas de Marie, car sans cela seraient-ils chrétiens? C'est donc leur affaire en ce sens. Faut-il s'étonner après cela qu'à notre rang, dans cette succession de notre race, nous soyons emportés par cet irrésistible mouvement d'attraction, et qu'à notre époque Marie reçoive ce tribut de bénédictions, qu'elle le reçoive sur ce coin de terre que nous habitons, et que nous soyons ainsi à l'affaire de notre siècle? Mais nous sommes aussi individuellement à la nôtre; car quel intérêt nous pousse de ce côté! C'est comme un instinct de la vie par lequel, spontanément et sans réflexion, on se tourne du côté où il y a à respirer et à vivre. Les anges eux-mêmes, mais sans doute aussi les compagnons de leur éternelle félicité, les bienheureux, s'orientent vers ce pôle, parce que la joie y rayonne pour eux. Qui pourra dire ce qu'est Marie dans les délices du ciel ? Les justes y cherchent un surcroît de grâces, les pécheurs y trouvent une mesure inépuisable de pardon. *In te Angeli lœtitium, justi gratiam, peccatores veniam inveniunt in œternùm.* (S. Bernard, *ibid.*)

Oh ! que c'est bien là notre affaire ! Pécheurs, qui que nous soyons, venons solliciter ici ces retours de la grâce dont nous avons besoin pour devenir des justes. Justes, venons nous y confirmer et nous y développer sans cesse dans cette justice qui procède de la grâce. Que tous ces heureux effets s'étendent sans limites. Ce sera l'affaire de notre siècle ; car à ce siècle perdu il faut des conversions. A ce siècle menacé de la même manière que Sodome et les autres villes ses complices, il faut un nombre de justes dans une certaine proportion avec celui des coupables, pour que la colère de Dieu consente à suspendre ses coups. A l'infernale activité de ce siècle, possédé de l'esprit du mal et qui semble prendre à tâche de renverser tout ce qui est le bien, il faut au moins et surtout le contrepoids des prières. Venons donc faire ici l'affaire de notre siècle. Pensons à Marie pour recourir à elle.

II. — Saint Gabriel. — Marie pleine de grâces.

Après cette entrée en matière, maintenant que nous savons la place de Marie dans le temps, le droit qu'elle a sur notre temps et sur nous, voyons, en étudiant ses mérites, comme ce droit se justifie. Le titre qui nous ouvre cette carrière à parcourir et qui est le second, c'est donc *Marie pleine de grâces.* Mais à quel personnage convenait-il mieux d'attester ici cette vérité qu'à celui qui a été envoyé du ciel pour l'apprendre à la terre, l'*archange Gabriel?* C'est en effet lui qui nous en offre l'énoncé, dans les paroles mêmes dont il salua l'auguste Vierge. AVE MARIA GRATIA PLENA, je vous salue Marie pleine de grâces.

La grâce c'est cet élément divin qui répare quand il y a à réparer, mais dans tous les cas complète de surcroît la nature de l'homme, l'élève et l'ennoblit dans toutes ses facultés en leur donnant leur dernier épanouissement dans la nature même de Dieu, *divinæ consortes naturæ.*

Dans l'intelligence c'est une lumière infiniment supérieure à celle de la raison. Avec cette lumière, l'âme plonge dans la vérité et y découvre des horizons que l'esprit purement humain ne saurait ni atteindre, ni soupçonner. *Ostendit illi regnum Dei, dedit illi scientiam sanctorum.* (*Sagesse*, x, 10.) Elle les voit avec une clarté, une netteté, une certitude qui ne sont point de l'œil terrestre. *Sanctis tuis maxima lux.* « La plus grande lumière appartient à vos saints. » (*Sagesse*, XVIII-1.) Et s'il est permis de s'étonner de ces splendeurs de l'esprit qu'on nomme la science, la sagesse, le talent, le génie, — si on peut s'émerveiller de ces vastes connaissances, de ces vues longues et pénétrantes, de ces aperçus élevés et profonds, de cette assurance et de cette fermeté de coup-d'œil dont sont doués certains hommes auxquels l'admiration a décerné le nom de *grands*, qu'est-ce que tout cela comparé aux immenses trésors de la foi, aux transcendantes intuitions de la vue surnaturelle, aux révélations et aux extases, à cette pleine et inébranlable conviction de ce qu'on voit dans la lumière de Dieu? C'est l'aurore de ce jour parfait qui brille dans l'éternité. Quelle admiration ne devra-t-on pas à ces intelligences d'élite qui participent à la vue de Dieu et voient ces choses intimes de la vérité. *Spiritus enim omnia scrutatur, etiam profunda Dei* (1 Cor., c. 11, v. 10.)

Dans le cœur, la grâce c'est la charité, *charitas Dei diffusa est in cordibus nostris,* c'est-à-dire cet amour dont on aime Dieu et toutes choses en Dieu. Mieux que cela, l'amour dont Dieu aime, dont il s'aime lui-même et dont il aime tout ce qui doit, tout ce qui peut être aimé, ce même amour dans lequel s'embrassent dans les ineffables ardeurs de leur éternelle intimité les trois personnes divines, ce même amour qui a créé le monde, qui le conserve et le gouverne, qui l'a merveilleusement réparé des ruines du péché, qui y étend jusqu'aux plus faibles et aux plus imperceptibles êtres son action créatrice et conservatrice, les menues attentions de la Providence, inonde de grâces toutes ces natures intelligentes et libres et a fait pour elles le ciel avec ses torrents de félicités. Dans l'homme comme dans Dieu cet amour veut le bien en lui-même, il veut le bien de tous et de chacun, il le veut sans mesure, il le veut à tout prix et il fait tout dans ce but. Est-il possible qu'avec un tel amour l'homme n'ait pas un bon, un beau et noble, grand et large cœur; c'est-à-dire tout ce qu'on estime, ce qu'on aime, ce qu'on admire en fait de cœur? Humanité, patrie, famille, amitié, et au-dessus de tout cela, Dieu et tout ce qui l'approche, tout se trouve en effet dans ce cœur, avec le parfait oubli de soi-même, l'intelligence consommée des vrais intérêts, le dévouement sans bornes.

Dans la volonté, la grâce c'est la vertu elle-même dans toute sa vérité, dans toute sa force, dans toute sa fécondité, c'est l'héroïsme chrétien, c'est cette victoire qui met sous nos pieds le monde entier, c'est cette puissance d'action qui a couvert le monde de ses œuvres et de ses bienfaits.

Dans les sens, c'est le principe de cette juste harmonie entre le corps et l'âme qui fait la gloire de l'un et de l'autre, en vertu de laquelle l'esprit est un maître honoré et obéi et les membres ne sont plus que les serviteurs empressés des pensées célestes, des nobles sentiments, d'une volonté droite et sainte.

La grâce est donc dans la créature humaine la source des plus belles lumières qui aient brillé aux yeux de l'âme, sans en excepter les plus rares illuminations du génie, — des plus saines, des plus grandes, des plus vastes affections qui se soient remuées dans un cœur, des volontés les plus régulières et les plus énergiques et aussi des plus admirables œuvres, enfin de cette pureté qui élève la matière au rang d'honneur de la substance spirituelle et fait de l'homme le semblable des anges.

Voilà la grâce, et voilà ce dont Marie est pleine, Marie, la plus immense capacité que Dieu ait faite pour recevoir ses dons, et qui ne pouvait être remplie dès lors que par une immensité. *Immensa fuit gratia quâ Virgo fuit plœna, immensum enim vas non potest esse plenum nisi immensum sit illud quo est plenum. — Mariœ autem vas immensissimum fuit.* « Immense fut la grâce dont la Vierge fut pleine. Car un vase immense ne peut être plein, qu'à condition que ce qui le remplit soit immense. Or le vase de Marie fut ce qu'il y a de plus immense dans l'espèce. » (St Bonav., *Spec.*, lec. v.)

A quelle admiration n'a-t-elle pas droit ? Mais ce que nous avons à admirer en elle n'est-il pas à aimer surtout? et après l'avoir reconnue et sentie digne de notre amour, ne nous faut il pas un cri : *O amabilis!* « O aimable Marie! » C'est ce que nous pouvons lire au sommet de la fenêtre dans le quatre-feuille qui en découpe le tympan. Mais outre cette inscription, que votre œil remarque en même temps le pieux emblème qui l'accompagne et la traduit. Au défaut de sa douce image, c'est l'initiale de son nom béni, de laquelle des roses sortent comme d'une tige pleine de sève et de vie. Leur suave odeur attire vers elles ces légères créatures de Dieu, fleurs vivantes et voltigeantes au milieu des autres fleurs qui naissent du sol et y restent attachées. Ce sont les pensées et les sentiments de l'âme chrétienne. Vers quelles roses plus éclatantes et plus embaumées que vers les perfections et les vertus de Marie peuvent elles s'envoler? Dans ce jardin de délices où l'Église offre à la piété ce rosier mystérieux aux fleurs si richement épanouies, voilà deux jeunes vierges, deux âmes, si vous le voulez bien, dont l'une s'arrête à cueillir une de ces fleurs, tandis que l'autre aspire et savoure les enivrantes exhalaisons de celle qu'elle a cueillie. *O amabilis! adolescentulæ dilexerunt te nimis.* Tout ce qu'il y a de virginal et de pur ne peut réussir à vous aimer à son gré.

Voilà la première fenêtre.

—

II.

Nous arrivons à deux autres attributs qui sont la claire déduction de celui qui précède. Regardons maintenant à la fenêtre opposée.

I. Sainte Élisabeth. — Marie, la plus grande des femmes.

C'est *Élisabeth* qui, dans le mystère de la Visitation, prononça ce mot mémorable dont ce titre est l'interprétation : BENEDICTA TU INTER MULIERES. « Vous êtes bénie entre toutes les femmes. » Et c'est aussi *Élisabeth* qui se trouve ici chargée de justifier l'un en nous rappelant l'autre.

Qui contestera à Marie ce rang sans égal dans tous les états où la femme se produit?

N'est-elle pas d'abord la plus grande des vierges? *Regina virginum.* C'est elle qui la première a levé dans le monde l'étendard de la virginité. *Prima votum conservandæ virginitatis vovi Domino.* (St Bernard, *Tract. de Passio. D.*, c. XVIII.) Mais personne ne l'a pratiquée comme elle. Tout en elle est éminemment virginal. Outre l'intégrité de son corps si pleine de miracle et de gloire, qui dira l'ineffable pureté de son âme et de ses sens? En la préservant du péché d'origine et des infirmités morales dont cette catastrophe fut le principe pour notre race, Dieu l'avait faite vénérable et terrible pour l'ennemi de tout honneur ; jamais les ignobles fantômes qu'il sait évoquer pour nous corrompre ne projetèrent leur ombre sur ses chastes pensées. Mais se fussent-ils présentés à ses regards, quelle atteinte pouvaient-ils porter à leur céleste et inaltérable sérénité ? Il n'existait en elle pour y répondre aucune inclination désordonnée. La virginité de Marie dépasse en éclat la pureté des anges. *Mariæ virginitas major quàm angelica puritas.* (St Bernard, *Serm. de Nativ.*) Comment ne dominerait elle pas celle de toutes les vierges ?

De plus, Marie est la plus grande des mères. *Ipsa est quâ majorem Deus facere non potest.* « Elle est telle, en tant que mère, que Dieu ne pourrait rien faire de plus grand dans l'espèce. » (St Bonav., *Lectio X Specul.*) *Majorem mundum facere posset Deus, majus cœlum facere posset Deus. Majorem matrem quàm matrem Dei non potest facere Deus.* « Dieu pourrait faire un plus grand monde. Il pourrait faire un plus grand ciel ; il ne pourrait faire une mère plus grande que la mère de Dieu » (*Ibid.*)

Et maintenant que lui manque-t-il pour être la plus grande des épouses ? — Il y eut pour Marie deux unions conjugales ; l'une surnaturelle contractée avec Dieu et d'où résulta dans le temps un fruit visible, fils éternel de Dieu par la substance divine, fils temporel de Marie par la chair et le sang, — l'autre, contrat sacramentel, comme tout vrai mariage humain, principe pour Marie d'une société vraiment matrimoniale avec Joseph et dont le but fut de protéger dans Marie la virginité et son honneur et d'élever humainement le Fils de Dieu. Dans la première union c'est bien, sans contestation, la femme la plus bénie de toutes, l'épouse la plus glorifiée et la plus heureuse. Épouse du Père éternel avec lequel elle eut un fils commun, épouse de l'Esprit saint par l'action duquel elle devint mère, épouse du Verbe lui-même dans les chastes délices duquel elle célèbre éternellement ses joyeuses noces avec lui. — Qu'imaginer de plus en fait de gloire et de bonheur?...

Et dans la seconde union n'est elle pas elle-même l'épouse la plus capable de faire la gloire et le bonheur d'une époux? Telle est sa noblesse personnelle qu'il n'est point de généalogie si brillante dont elle puisse recevoir un lustre. Mais au contraire, mise au monde pour y remplir un rôle tout divin, le plus grand, le plus unique à jamais de tous les rôles qu'il soit donné de remplir à des créatures, prédestinée de toute éternité, et annoncée de tout temps pour cette fin qui intéresse l'humanité tout entière, elle devient le titre d'une incomparable noblesse pour tous ceux dont elle tire son origine, mais aussi pour tous ceux qui lui tiennent par quelque lien. — Quel est l'homme, si illustre de toutes les manières dont on peut l'être, qu'une alliance aussi auguste n'eût pas glorifié? Et, quand nous savons ce que Dieu l'a faite, quand nous la connaissons accomplie de tout point, constamment radieuse de tous les charmes de la bonté, de la charité, de la douceur, de la sainteté, quelle âme, à moins qu'elle ne fût de ces âmes malades que les perfections irritent, dans le commerce habituel d'un sort partagé n'aurait pas été heureuse avec elle?

Saint Bonaventure. — Marie, la plus grande des créatures.

Mais un trait vient enchérir sur tout cela. *Marie est la plus grande des toutes les créatures.* C'est *saint Bonaventure* qui en témoigne. Écoutez-le ou plutôt lisez : OMNES OMNINÒ GRATIÆ QUAS HABUERUNT ANGELI, PATRIARCHÆ, PROPHETÆ, APOSTOLI, MARTYRES, CONFESSORES, VIRGINES CONFLUERE IN MARIAM. « Marie, selon ce docteur, est un océan dans lequel viennent s'abîmer tous les fleuves de grâces que possédèrent les anges, les patriarches, les prophètes, les apôtres, les martyrs, les confesseurs, les vierges. » Le rang de chaque être dans les œuvres de Dieu est marqué par le point de ressemblance avec le type éternel dont chaque chose créée est l'image plus ou moins conforme et plus ou moins accentuée. D'après cette règle, les créatures se classent selon le degré où elles montent dans la nature spirituelle ou dans la perfection de leur catégorie. Par le fait de sa nature humaine, Marie, à ce compte, ne pourrait prétendre qu'au premier rang dans notre espèce. Mais par le fait de la grâce elle est au sommet de la création tout entière. Car elle montre en elle à la fois tous les dons qui brillent non-seulement dans chacune des phalanges bienheureuses des élus, et dans chacun des élus, mais même dans chacun des anges, de quelqu'ordre élevé qu'il soit. *Omnes omninò gratiæ quas habuerunt angeli.*

—

Ici notre admiration n'a-t-elle pas besoin, mais n'a-t-elle pas droit pour se produire, de chercher son expression dans cette exclamation qui semble pourtant entreprendre sur les attributs incommunicables de Dieu. *O Altissima*, ô très-haute? Et pourquoi refuser cette satisfaction au sentiment qui nous commande? Dieu n'en sera pas jaloux. Il est seul le Très-Haut, il est vrai, *tu solus Altissimus.* Mais il l'est par nature et Marie ne serait jamais très-haute que par le don de sa faveur. Maintenant dans la vérité ne l'est-elle pas, puisque, quelqu'infinie que soit la distance qui la sépare de cet inaccessible sommet, elle n'en est pas moins démesurément élevée au-dessus de tout ce que Dieu a fait? Ne craignons donc pas de la proclamer *très-haute. O Altissima!...*

Nous trouverons cette pensée au couronnement de la fenêtre qui nous occupe. Elle y est écrite et en même temps symbolisée. C'est encore l'initiale de Marie qui s'entoure de cette signification nouvelle; et dans ce but elle plane au-dessus des cieux étoilés et se couronne de la tiare, insigne de la plus haute royauté, pendant que de chaque côté une main soutenant un encensoir fait fumer devant elle le religieux parfum qui exprime la vénération la plus profonde, le culte de ce qui est du ciel.

Poursuivons notre étude et transportons-nous à la travée suivante.

CHAPITRE VIII.

Vitraux de la nef.

2e TRAVÉE.

Si, pendant que Marie trône à ce degré de sublimité que les autres créatures aperçoivent de si loin, notre œil allait découvrir, dans les mystères de son origine ou dans ceux de sa vie, le déshonneur de quelque tache, ne serait-ce pas pour nous un désappointement dans le cours de cette contemplation dont elle nous fournit le délicieux objet? — Ne serions-nous pas atteint de ce sentiment d'ennui qu'on éprouve quand se révèlent tout-à-coup dans un chef-d'œuvre, jusque là admiré sans réserve, une notable imperfection ou une ruine, et qu'à cette première parole qui est l'expression de l'attrait et de la jouissance : *c'est beau*, il faut ajouter cette autre qui naît de la déception et témoigne le refroidissement et le regret : *mais il y a là un malheureux défaut*? Assurons-nous donc de la pleine intégrité de ce chef-d'œuvre de Dieu.

I. Pie IX. — Marie conçue et demeurée sans péché.

Voilà le nouveau titre à mettre en relief, et vous accepterez pour *Pie IX* le droit de l'affirmer ici, lui qui, au sacrifice du repos de ses jours, si remplis d'amertumes et qui justifie si bien ce symbole de douleur dont vous le voyez couronné, a affirmé au monde la première partie de cette proposition si glorieuse à l'auguste Vierge avec cette autorité qui commande à la foi et s'est plu d'ailleurs à unir sa voix à toutes celles qui ont célébré la très-parfaite innocence de sa vie.

Voilà donc la double vérité qu'il atteste par ces mots, extraits de l'immortel document où il définit ce dogme de l'Immaculée-Conception. IPSA AB OMNI PRORSUS LABE PECCATI SEMPER LIBERA. « Marie fut *toujours, tout-à-fait* exempte de *toute tache* du péché. »

Qui dit : *de toute tache du péché*, *ab omni labe peccati*, dit nécessairement la tache du péché originel aussi bien que la tache des péchés personnels. — Qui dit *tout-à-fait exempte*, *prorsùs ab omni labe*, dit encore qu'il n'y eut en elle pas la plus légère ombre du péché, si véniel qu'on le suppose, rien qui accuse l'imperfection et le plus imperceptible désordre de la volonté. — Qui dit : *toujours*, *semper libera*, dit : le premier instant de sa conception et tout le reste de son existence.

Répétons ici et que notre piété se sente vivre en recueillant les accents sortis naguère de la bouche sacrée du Pontife sous l'assistance de l'Esprit saint et que l'Église acclamait avec transports parce qu'ils flattaient son cœur[1] : « par l'autorité de Notre-Seigneur Jésus-Christ, des bienheureux apôtres Pierre et Paul et la nôtre, *nous déclarons nous prononçons et définissons* que la doctrine qui tient que la bienheureuse Vierge Marie, dans le premier instant de sa conception, a été par une grâce et un privilége spécial du Dieu tout puissant, en vue des mérites de Jésus-Christ, sauveur du genre humain, préservée et exempte de toute tache du péché originel est une doctrine révélée de Dieu. »

C'est le trait final de cette innocence et de cette sainteté dont la perfection est telle, pour me servir des paroles de la même autorité, qu'au-dessous de Dieu on ne peut en concevoir une plus grande, qu'excepté Dieu nulle intelligence ne peut en atteindre la mesure. *Eam innocentiæ et sanctitatis plenitudinem.... quâ major sub Deo nullatenùs in-*

1 *Auctoritate Domini Nostri Jesu Christi, beatorum apostolorum Petri et Pauli ac nostra declaramus, pronunciamus, et definimus doctrinam quæ tenet beatissimam Virginem Mariam in primo instanti suæ conceptionis fuisse singulari omnipotentis Dei gratiâ et privilegio, intuitu meritorum Christi Jesu, salvatoris humani generis, ab omni originalis culpæ labe præservatum immunem, esse a Deo revelatum.*

telligitur et quam prœter Deum nemo assequi cogitando potest. (*Ibidem.*)

On sent le prix de l'innocence et de la sainteté. Il y a pour elles des vénérations et des enthousiasmes incomparables, et en effet le rang que leur assigne dans l'ordre moral l'appréciation la mieux raisonnée, c'est celui dans l'ordre des richesses matérielles, de l'or et des diamants les plus purs, c'est-à-dire le rang le plus élevé et, pour les mettre à la place où les veut le juste sentiment qu'elles commandent, on a besoin de recourir à ces sphères supérieures où la pensée contemple et admire ces êtres tout spirituels dont la substance n'est qu'intelligence et qu'amour. On dit donc d'une âme pure et sainte : *C'est un ange*, parce qu'en effet une telle âme est tellement dominante au milieu de la matière unie à son sort qu'elle est vraiment du monde des esprits et de la catégorie de ceux qui sont le plus près de Dieu : et en cela toutefois on donne une idée avantageuse de son mérite. Mais quand il s'agit de Marie, ces analogies ne font plus rien comprendre et au lieu de la relever l'amoindrissent, car elle est plus pure et plus sainte que les anges. C'est un idéal qui dépasse toutes les idées et dont aucune comparaison ne nous rapproche et pour répondre à l'excellence de cette pureté et de cette sainteté, lorsqu'on y regarde, il n'y a que l'insuffisance et la défaillance de tous les sentiments qui vont à l'honneur de ce qu'on veut honorer.

II. — Saint Jacques. — Marie, vierge-mère.

Marie après cela pouvait-elle, sans descendre du rang qu'elle avait entre *les purs*, renoncer à sa virginité? Mais Dieu lui-même n'engageait-il pas, dans les rapports intimes qu'il allait contracter avec elle, les convenances de sa sainteté s'il eût manqué quelque chose à la splendeur de cette pureté? *Deum hujusmodi nativitas decebat quia non nisi de virgine nasceretur.* « La seule condition dans laquelle un Dieu pouvait décemment naître, c'était, dit saint Bernard, qu'il naquît d'une vierge. » (Hom. II *super Missus est.*) Ce n'était pas assez qu'elle fût créature sans tache, il fallait qu'elle fût vierge et vierge sans tache et cela, par un prodige unique, jusque dans sa maternité. Voilà ce qu'annonce le titre suivant : *Marie vierge-mère* et ce que *saint Jacques-le-Majeur* vient confirmer par ces paroles du troisième article du symbole des apôtres, article que la tradition lui attribue : Qui natus est de Maria virgine. « Qui est né de Marie vierge. »

La virginité, c'est l'état supérieur de l'humanité, l'état dans lequel Dieu l'a créée. Deux éléments contraires composent notre nature, l'esprit et la matière, l'esprit par lequel nous ressemblons à Dieu dans la fraternité des pures intelligences, la matière par laquelle nous en différons dans la société des animaux même les plus viles, encore que dans un degré se trouve empreinte en eux l'image du divin auteur, type essentiel de tout ce qui est. Se donner à la vie de l'esprit, c'est monter; tourner à la matière, c'est descendre.

Quelque saint que soit l'état qui remplace la virginité, puisqu'il est nécessaire aux desseins du Créateur et de la Providence sur le monde et qu'un grand sacrement le consacre, comment la spiritualité, qui est la gloire de l'homme, ne subira-t-elle pas quelque atteinte dans ces conditions qui sont le dernier mot des sens et, sans changer matériellement, peuvent devenir, par le désordre de la volonté le dernier mot de la corruption et de l'abaissement de l'homme? — Mais cette spiritualité, comme elle est admirablement servie au contraire par la virginité, qui dans sa perfection ne sait user de ses sens que pour s'élever de ce monde à Dieu et de ses moyens d'activité physique que pour y opérer le bien!... Aussi tout en prenant ses mesures pour que le fleuve des générations humaines ne tarisse pas avant l'heure de ses conseils, Dieu a-t-il voulu sauvegarder l'honneur de la virginité et indépendamment de sa beauté propre, lui créer des titres aux préférences des âmes. Dans ce but autant que dans le but du châtiment qu'il voulait infliger à la faute d'origine, il a décrété que l'entrée de l'homme dans l'existence et dans la vie terrestre serait marquée d'humiliation et de douleur pour la vierge immolée qui se serait vouée, dans des engagements d'ailleurs sacrés, à être sa mère.

Mais pouvait-il y avoir dans la maternité de Marie et dans l'incarnation et la naissance d'un Dieu quelque circonstance où l'âme se sentît amoindrie et qui rappelât le châtiment ?

Marie vivait donc dans les hauteurs les plus éminentes de cette région sereine de la virginité. C'était là même que ce Dieu, qui avait résolu de se faire homme pour nous sauver, devait aller chercher sa mère; c'était là qu'il devait être son fils. Il entra, en conséquence, dans ce sanctuaire à jamais respecté et il en sortit de la même manière qu'à la suite de la résurrection il s'introduisit dans le Cénacle fermé, sans en ouvrir les portes, ni en forcer les murailles; de la même manière encore que le rayon du soleil pénètre le globe de cristal et y porte l'éclat du jour.

O immaculata et tota pulchra ! « O immaculée et belle de tout point ! » Recueillons encore au sommet de cette page, moins haut sans doute que le cœur ne l'a lancé, ce cri de ravissement que doit toujours inspirer la vue d'une merveille si suave et si attachante. Mais quel symbole pourra la figurer aux yeux? Oh! l'irréprochable blancheur, la perle limpide que la lumière inonde de sa clarté, — le lys dont la corolle éblouissante semble repousser l'ombre et n'offre d'ailleurs aucune teinte étrangère à sa noble et lumineuse couleur, — les célestes chérubins, qui respirent le souffle de Dieu et ne vivent que de sa spirituelle substance, ne pourraient-ils pas rappeler avec quelque charme au regard ces ineffables mystères de sainteté. Voici donc la blanche initiale de Marie, dont une bordure de perles dessine les contours. Les fleurs de l'innocence l'encadrent d'une guirlande et de petits anges sont en contemplation devant elle. Tout est pur autour de cet objet si pur. Tout a l'air de redire avec admiration: *O immaculata et tota pulchra!* « O immaculée et belle de tout point?.... » Associons nous à ces hommages.

III. Saint Augustin. — Marie toujours vierge.

Que Marie porte donc à travers les siècles le nom de Vierge, comme le principe de sa gloire. Qu'elle ait le privilége unique de s'appeler à jamais simplement *la Vierge*, ou encore, *la sainte, la très-sainte Vierge.* C'est la vierge, en effet, comme aucune autre ne le fut, la vierge par excellence, si on considère la perfection sans égale avec laquelle elle le fut, le prodige inouï par lequel elle continua de l'être en devenant mère, et, pour ces mêmes raisons, c'est bien vraiment *la très-sainte Vierge.*

Des hommes, il est vrai, ennemis de son honneur, sans autre intérêt que celui de rabaisser sa dignité, ou peut-être encore celui de donner un démenti à la parole qui enseigne avec l'autorité de Dieu et d'insulter une des croyances les plus enracinées dans les cœurs catholiques, se sont efforcés, dès le commencement, de lui arracher du front cette resplendissante auréole, et l'impiété moderne, de parti pris acharnée contre notre foi, qu'elle s'est fait une tâche de contredire en tout, cette impiété toujours enchérissante, qui a trouvé je ne sais quelle saveur au blasphème et s'est approprié dans ce genre tout ce qu'elle n'a pas inventé, pouvait-elle ne pas renouveler contre Marie cette imputation humiliante pour elle ?

On a donc dit et on dit que Marie cessa quelque jour d'être vierge, et en produisant cette assertion, l'erreur, fidèle à son rôle, cherche à se donner toutes les apparences de la vérité et s'entoure comme d'un rempart de témoignages puisés aux sources les plus imposantes. Ici, en particulier, elle citera de nombreux passages du Nouveau-Testament où il est fait mention des frères du Sauveur. — Appui fragile et mille fois détruit; car n'oublions pas que dans les usages juifs, abondamment constatés par les faits de l'histoire, ces titres de frères et de sœurs ne désignent souvent qu'un degré inférieur de parenté.

Pour nous, dont la préoccupation dans ces luttes doit être avant tout de dégager la vérité, que nous faut-il de plus ? Nous savons d'avance que cette vérité que nous croyons ne sera jamais en défaut. Si nous prétendions l'y surprendre, ce serait notre œil qui nous servirait mal. Fixés à jamais sur son infaillibilité, ingénions-nous alors à trouver les manières dont elle peut avoir raison. La moindre solution, dès qu'elle renverse la difficulté qu'on lui oppose, doit nous suffire. Il y aurait une satisfaction de plus sans doute, si, reconnaissant tous les personnages qui se trouvent désignés sous ce nom, nous pouvions voir se préciser, à la confusion des ennemis, les rapports de consanguinité dont il s'agit; mais en recueillant tout ce que les saints livres et la tradition nous permettent d'atteindre sur ce point, la science n'a pu arriver jusqu'ici qu'à des résultats très-imparfaits et pleins de conjectures. — Contentons-nous de cette lumière. Respectons les ombres qui l'entourent et l'intention divine qui les a ménagées pour notre épreuve et notre mérite, tout en nous retranchant dans cette seule réponse qui ne laisse rien subsister de l'objection de l'hérésie et nous met à même d'apprécier ses moyens. Documents incomplets, interprétations légères et fausses, conclusions forcées et mal déduites, voilà à quoi ils se réduisent toujours. Qu'est-ce que tout cela pour renverser une croyance qui s'offre avec toutes les bases du dogme révélé ? Pense-t-on que devant une argumentation aussi chancelante devra tomber une affirmation de l'Église, ce qui revient à dire une affirmation de Dieu ? Or, l'Église affirme ici; c'est un point de foi. Reposons-nous donc avec délectation dans cette vérité si réclamée par le sentiment raisonné de notre christianisme. — Car qui donc à ce point de vue pourra jamais admettre que Dieu ait laissé s'altérer cette œuvre de tous ses soins et de toutes ses complaisances dont il s'était étudié à faire la merveille de la création et sa plus vive ressemblance, qu'il lui ait permis d'achever un rôle tout divin d'une manière aussi humaine et aussi commune, qu'il ne se soit pas fait une loi d'assurer l'inviolabilité de ce sanctuaire dans lequel s'était opéré l'adorable mystère de l'Incarnation, qu'il n'ait pas fait en sorte que celle qui avait la gloire d'être la Mère de Dieu ne tombât pas de ce rang en s'abaissant à devenir la mère de quelque autre ? Qui jamais admettra que Marie, plus pure que les anges et aussi étrangère d'ailleurs aux mouvements de la concupiscence qu'au péché dont la concupiscence procède, ait été l'esclave d'un entraînement vulgaire ? Oh ! saluons d'ici avec transports *Marie tou-*

jours vierge, et recueillons de la bouche de *saint Augustin* cette parole qui exprime la foi de l'Église à cet égard : MARIA VIRGO CONCEPIT, VIRGO PARTURIT, VIRGO POST PARTUM PERMANSIT. (*19e Sermo de tempore in natali Domini.*) « Marie a conçu vierge, elle a enfanté vierge, et une fois mère, elle est demeurée toujours vierge. »

IV. Saint Cyrille. — Marie, mère de Dieu.

Après avoir contemplé Marie, *vierge-mère*, nous avons exploré le premier terme de ce titre composé et nous avons médité les grandeurs de sa virginité; étudions maintenant le second terme et prenons un aperçu des grandeurs de sa maternité. C'est donc *Marie, mère de Dieu*, qui se trouve annoncée ici.

On sait que le concile d'Éphèse, IIIe des conciles œcuméniques, dans lequel fut décrété contre Nestorius l'orthodoxie désormais indiscutable de cette appellation de *Mère de Dieu* attribuée à Marie, fut présidé par *saint Cyrille*, patriarche d'Alexandrie, et que ce fut lui qui proclama cet oracle et prononça contre l'hérésiarque l'anathème et la déposition. Rien donc de plus motivé que la présence à cet endroit de cette grande figure de l'Église grecque, offrant aux regards ce titre le plus merveilleux de tous ceux de l'auguste Vierge, MATER DEI, ΜΗΤΗΡ ΘΕΟΥ, « Mère de Dieu. »

Celui qui s'est servi d'elle pour entrer dans ce monde et en être le Sauveur, en se faisant visible pour nous, ne fut pas ici-bas une simple apparence. Il y avait en lui autre chose qu'une forme illusoire. Il était vraiment homme, ayant une âme et un corps comme les autres hommes, en un mot, une humanité complète.

Cette humanité, il l'avait réellement prise dans le sein de Marie et l'avait tirée de sa substance. Il le fallait bien pour qu'il pût être dit fils de David, fils d'Abraham, fils d'Adam. Mais à raison de sa miraculeuse conception, il reçut toute son humanité d'elle seule, et dès lors ne fut-elle pas sa mère plus qu'aucune mère ne l'est de son fils? Elle fut à la fois pour lui ce que, dans les régles ordinaires, le père et la mère sont pour leur enfant commun. N'est-il pas son fils plus qu'aucun autre enfant ne l'est pour sa mère? Ne l'est-il pas doublement?

Or, ce fils était vraiment Dieu. La divinité et l'humanité sont unies dans sa personne de la manière la plus étroite et la plus parfaite, et cela dès le premier instant de l'incarnation. Dans la plus primitive vérité de l'expression, elle a conçu et mis au jour comme homme celui qui est la seconde personne de la Sainte-Trinité, un seul Dieu avec le Père et le Saint-Esprit. Elle est sa mère, elle est donc la mère de Dieu.

Voilà l'exposé simple de ce grand dogme, rayon

éblouissant échappé de l'inabordable lumière que nos yeux ne pourront contempler avant leur transformation promise. Que l'intelligence humaine s'en contente jusqu'à cette heure, et qu'elle s'arrête pleine de respect devant ce qu'il y a d'incompréhensible ici, comme on s'arrêterait devant un sanctuaire fermé que protégerait la foudre de Dieu. Qu'elle s'abîme dans le sentiment de son insuffisance, et que dans son inépuisable étonnement elle s'exclame sans fin sur les choses étourdissantes qui découlent de ce fait. — Une créature admise dans les profondeurs de Dieu et devenant elle-même un inexplicable mystère ! Une créature élevée jusqu'à une certaine égalité avec Dieu, *ad quamdam equalitatem divinam* (S. Bern., *Concl.* LXI, CXII), jusqu'à une certaine supériorité sur un Dieu, puisqu'elle lui a donné sa nature et l'a fait son semblable !.,.. Marie a donc porté un Dieu dans ses entrailles.... *Beata viscera quæ te portaverunt !* Elle l'a porté dans ses bras, elle l'a nourri de son lait, elle a guidé et soutenu ses premiers pas ! elle l'a élevé !... elle a pu lui prodiguer les marques de la tendresse la plus familière ! et, ce qui est plus étrange, elle lui a commandé et il lui a obéi. *et erat subditus illis !...* Qui résistera à cette puissance dont un Dieu s'est fait dépendant, à cette autorité à laquelle un Dieu a reconnu des droits sur sa volonté? *Ab omnipotente Filio, omnipotens Mater facta est.*

« Par le Fils tout-puissant la Mère a été faite toute-puissante » (S. Bernard.)

O omnipotens! « ô toute-puissante Marie! » Retrouvons donc encore ici à la place qui lui a déjà été affectée, avec cet hommage de notre admiration, son initiale entourée de tous les attributs de la puissance.

Voilà le globe du monde qui repose sur elle, car la sollicitude de Marie et son pouvoir s'étendent à tout l'univers. — Voilà le sceptre qui domine les nations, car Marie tient en ses mains les cœurs des hommes, les cœurs des rois et des peuples. — Voilà l'insigne de la souveraineté des mers, car elle est l'étoile de la mer, elle commande à la tempête et fait trouver le port, témoin ce navire que vous apercevez ballotté par les vagues en furie, mais qui ne doit pas périr, parce qu'au-dessus de lui brille une étoile protectrice. — Voilà le glaive des batailles, car elle est Notre-Dame-des-Victoires, et qu'une cité est bien gardée quand elle veille sur sa sécurité. Le secours de Marie lui vaut mieux que tous les remparts. — Voilà la foudre du ciel. Mère de miséricorde, elle n'y touche que pour l'apaiser et l'arrêter dans sa marche dévastatrice, mais elle peut s'en faire obéir. Quelle richesse pour les hommes que ce pouvoir de Marie! car si elle est la mère de Dieu, elle est aussi notre mère, et c'est là le premier titre que nous allons remarquer en passant à la travée qui fait suite.

CHAPITRE IX.

Vitraux de la Nef.

3e TRAVÉE.

1. Saint Jean l'Évangéliste. — Marie notre mère.

C'est *le disciple bien-aimé* qui nous rappelle cette vérité bien douce et bien anoblissante pour nous, en développant sur sa banderolle ces paroles testamentaires du Sauveur mourant : ECCE MATER TUA, « voilà votre mère. » — Elle l'est en effet par l'adoption, par la régénération et par le fait d'une certaine transformation en Jésus-Christ de l'homme régénéré.

1° Par l'adoption. — Telle est l'étendue du sens de ce mot *ecce mater tua*, que ce n'était pas sur saint Jean seulement qu'il portait, mais sur nous tous. — « Jésus, dit le P. Maccarthy, adressant du haut de la croix une parole à Marie, ne lui parle ni de son père ni de lui, mais de nous. Voyant près de lui un seul de ses disciples qui lui représente les autres, nous renfermant tous en lui par la pensée et nous présentant à Marie dans sa personne : *Femme*, dit-il, *voilà votre fils. Mulier, ecce filius tuus.* »

Jésus nous donne donc à Marie pour enfants et il nous donne Marie pour mère. Vous pouvez croire que Marie n'a repoussé ni le présent fait à son cœur, ni les obligations qui devaient en dériver pour lui. Mais le disciple, chargé dans notre absence par l'autorité d'un Dieu de notre procuration, n'a pas rejeté non plus ce qui ne pouvait l'être. *Accepit eam discipulus in sua.* Le contrat était parfait. Marie est notre mère par l'adoption, mais ne l'était-elle pas déjà par la régénération ?

Nous appelons notre mère cette femme choisie de Dieu pour nous donner la vie. Mais ne nommerons-nous donc la vie que cette existence du corps qu'Adam nous a transmise, qui commence au berceau et finit à la tombe, et dont le trajet si pauvre de jouissances pour tout ce qui veut jouir en nous, est en même temps si plein de tribulations et de misères ? Ne compterons-nous point comme telle cette vie si réelle dont Jésus-Christ est le principe, qui commence au baptême et ne doit jamais finir; dont la première partie, il est vrai, se passe dans les rudes combats de la vertu, mais n'en est pas moins, à tout prendre, la meilleure condition d'ici-bas et dont la seconde, pour ceux qui ont remporté la victoire, est l'éternel triomphe et la félicité parfaite ? Or, n'est-ce pas Marie qui nous a procuré cette vie supérieure à celle de la nature en fournissant de ses veines à celui qui devait nous le donner le sang régénérateur dont le baptême tire son efficacité et fait renaître l'homme d'après ce plan du Sauveur : *oportet nasci denuò?* Merveilleuse renaissance dont le travail se faisait en même temps que s'y préparait la naissance de Jésus ! Ce n'était là qu'un même fait. Car l'Incarnation ne la rendait pas la mère d'un seul homme, mais bien la mère de toute une race d'hommes, la race des hommes selon Dieu et, en droit, de l'humanité tout entière, puisque tous les hommes sont appelés et tenus à faire partie de cette race et que ce n'est en définitive que par leur rébellion formelle ou leur indignité devant la grâce qu'ils n'en sont pas.

Et maintenant une des glorieuses conséquences de cette régénération, c'est que nous pouvons par la communion nous incorporer au Dieu né de Marie qui devient ainsi une fois de plus notre mère, puisque nous sommes consommés en lui. — Nous partageons pour ainsi dire avec lui son humanité. *Efficimur concorporei et consanguinei Christi.* Nous avons avec lui le même corps et le même sang, dit saint Cyrille (Cat. IV). Notre substance est en quelque sorte absorbée par la sienne; *sumitur ut in carnem ipsius qui caro nostra factus est transeamus.* Nous communions, dit saint Léon (Serm. *de Nativ.*), afin de passer dans la chair de celui qui est devenu notre chair; de manière qu'en résultat, comme le dit saint Paul, *nous sommes les membres de son corps.*

nous sommes de sa chair et de ses os. Membra sumus corporis hujus, de carne ipsius et de ossibus ejus. Et, ce qui est plus fort, dans cette espèce de fusion de notre chair dans la sienne ce n'est pas seulement sa substance corporelle qui domine la nôtre et se l'approprie, c'est sa personnalité tout entière qui se substitue à notre personnalité de manière à la faire disparaître, ce semble, d'après cet autre mot si connu de l'apôtre : *Vivo jam non ego, vivit verò in me Christus.* « Je vis, non ce n'est plus moi, c'est Jésus qui vit en moi.

Marie a donc à reconnaître en chacun de nous non-seulement une vivante image de son fils, mais en quelque sorte son fils lui-même. Oh! comme nos douleurs sont les siennes! comme nos périls émeuvent son âme! comme nos intérêts la touchent! de quelle importance est à ses yeux notre bonheur!...

II. Saint Bernardin de Sienne. — Marie, reine de l'univers

Mais qu'elle est à même de réaliser ce bonheur! Que n'a-t-elle pas sous la main pour cela? S'il nous fallait pour être heureux un royaume et même s'il nous fallait un monde, ne pourrait-elle pas nous les donner?... C'est la *Reine de l'univers.* Sur cette dignité de Marie qui s'annonce à l'endroit convenu dans l'autre section de la même fenêtre, écoutons *saint Bernardin*, son panégyriste passionné, dont la figure s'offre ici nous rappelant l'expression étonnante et pourtant simplement vraie de sa haute souveraineté. TOT CREATURÆ SERVIUNT GLORIOSÆ VIRGINI MARIÆ QUOT SERVIUNT TRINITATI. « Il y a autant de créatures au service de la glorieuse Vierge, qu'il y en a au service de l'adorable Trinité. » C'est bien là, si je ne me trompe, une royauté et une royauté incomparable.

La royauté, c'est dans un peuple la position d'ordinaire la plus opulente, le droit le plus élevé et le plus large d'être obéi et d'être honoré. — Elle a du reste elle-même ses degrés et à cet égard, pour connaître son rang parmi les royautés émules, il s'agit de mesurer la grandeur de ses richesses, la plénitude de son pouvoir, l'étendue de son domaine, le nombre et la qualité de ses sujets. Et quelle royauté donc pourra être comparée sur tous ces points à celle de Marie?

Est-il difficile de le comprendre? Dès que nous savons qu'elle est la mère bien-aimée du Fils de Dieu, n'avons-nous pas à conclure qu'elle possède de sa condition incommunicable tout ce que lui-même peut en partager avec une créature? Car il est dans la nature de l'amour de s'assimiler et même de s'identifier ce qu'il aime. Jésus est roi, donc Marie est reine.... Elle l'est de la même royauté que lui. — En conséquence, quelles richesses que celles de Marie! Ce sont les richesses de Jésus, trésors incorruptibles, supérieurs à toute substance, mais dont relève toute substance, trésors de science et de sagesse, de grâces et de sainteté, de consolations et de félicité, et si la matière dans les diverses combinaisons de ses éléments peut fournir quelque objet de possession qu'on doive apprécier encore comme un trésor, toute la matière et tous les éléments de la matière sont à elle. Aussi quelle puissance que celle de Marie! Tout ce que Jésus peut elle le peut par lui : celui par qui tout a été fait et sans lequel n'a été fait rien de ce qui l'a été, produit ce qu'elle veut. Il crée ou modifie comme aux noces de Cana et sacrifie à son bon plaisir toutes les lois de la nature. — Mais quel domaine que celui de Marie! Partout où Jésus est roi, Marie est reine. La région où elle exerce son pouvoir, c'est toute l'étendue de l'immensité créée. Jésus est le roi du ciel, le roi des rois, le roi de l'univers. Marie est la reine du ciel, la reine de tous les royaumes (*regina regnorum*), la reine de l'univers. — Et par suite, tous les sujets de Jésus sont les siens. En fait, ce sont tous les esprits célestes, tous les saints, toutes les âmes fidèles, car il n'est pas possible d'aimer et de servir Jésus sans aimer et servir Marie, et déjà quelle multitude, quelles brillantes facultés, quelles noblesses forment sa cour! Mais en droit ce sont toutes les créatures capables de comprendre. Partout où il y a une intelligence pour connaître et pour croire, un cœur pour aimer ou pour craindre, au ciel, sur la terre et jusque dans les enfers, là Marie comme Jésus compte des sujets et il faut que tout genou fléchisse à son nom comme à celui de Jésus, car l'un et l'autre nom signifient le triomphe de Dieu sur Satan et la rédemption des hommes. et sont l'un et l'autre à ces titres l'objet de toutes les joies du ciel, de toutes les espérances de la terre, de tous les frémissements de l'abîme.

Quelle majesté donc et quelle gloire vraiment royales et plus que royales que la majesté et la gloire de Marie !... La Majesté !... cette grandeur d'âme à l'égal du rang suprême et dont le rayonnement extérieur subjugue les volontés et commande le respect, à quel degré n'est-elle pas dans Marie ? Quelle âme plus sublime, quelles manifestations plus magnifiques d'une excellence que tous les mystères de sa vie et toutes les grandeurs qui l'ont couronnée ! — La gloire !... Ces yeux qui vous regardent et ne peuvent se rassasier de votre vue, ces cœurs qui s'attachent à vous et s'enivrent de vous, ces voix qui répètent votre nom, exaltent vos perfections, portent le bruit de vos mérites jusqu'aux derniers échos de l'espace et du temps, Marie n'a-t-elle pas tout cela ? Qui a été plus contemplé, plus admiré, plus aimé, plus exalté sur tous les points de l'espace et du temps ?

Résumant donc dans une même pensée et cette

maternité à laquelle nous devons la vie inestimable de la grâce et ses ineffables destinées, et cette royauté si douce qui s'étend sur le monde entier, demandons-nous : Qui donc a jamais dû être plus aimé, qui a dû être plus tendrement aimé? C'est ici le lieu de s'écrier : *O amatissima!* — « O très-aimée, ô la plus aimée de toutes les créatures ! »

Cette exclamation que nous trouvons à la tête de la fenêtre est comme toujours accompagnée de son emblème. Ici c'est un cercle de cœurs brûlants dont les ardeurs de feu convergent vers l'initiale de ce nom béni qu'ils environnent.

III. Saint François d'Assise. — Marie notre reine.

Nous passons donc maintenant à la verrière qui est en regard de celle-ci et pour notre délectation intime nous avons là à nous rappeler que cette Reine de l'univers est *notre Reine* à nous-mêmes. — O DOMINA MEA ! c'est le premier accent d'une prière bien connue, attribuée à *saint François d'Assise,* et c'est aussi l'image de ce sublime contemplatif que nous rencontrons ici avec ses reconnaissables attributs et la légende où se lit ce touchant hommage de sa piété séraphique. Pénétrons-nous des sentiments que ce titre de Marie doit inspirer de lui-même et recherchons-en les impressions dans cet intéressant monument.

O domina mea! ô ma souveraine, à laquelle j'appartiens corps et âme! c'est-à-dire que tout mon être est à vous. Jésus vous l'a donné; mais autant que cet acte d'un Dieu peut avoir besoin d'être complété et ratifié par moi dans une chose qui me touche à ce point, je vous donne à mon tour tout ce que j'ai et tout ce que je suis. Vous en êtes propriétaire, mais aussi dépositaire. Car vous ne pouvez pas posséder pour perdre rien de ce qui vous est donné. Vous ne pouvez posséder que pour conserver, pour sauver, pour améliorer, et en vous livrant ce qui est plus que mon trésor et me tient de plus près que toutes choses au monde, c'est là ma confiance, ô Marie! — *Animam meam et corpus meum tibi commendo.* J'abandonne tout cela à votre fidélité dont on ne peut parler qu'avec éloge et reconnaissance, *Me in tuam benedictam fidem.* Mais comme dans la région invisible, il y a tant d'entreprises contre mon salut, tant de piéges dressés contre mon âme, tant de dangers pour sa vertu jusque dans mes membres, je recommande tout à votre garde la plus attentive, afin que vous protégiez l'une contre l'entraînement des autres et contre tout ce qui pourrait compromettre son éternité, l'amoindrir ou la perdre, *ac singularem custodiam.*

Hélas! cette âme ne sera pas sans subir quelques malheureuses atteintes et sans se rendre indigne des soins de votre royale sollicitude. Ayez pitié de ses misères et ne cessez pas pour cela de vous intéresser à elle, ou plutôt intéressez-vous y davantage puisqu'elle en aura plus grand besoin. Je fais appel à votre miséricorde et me jette à corps perdu dans ses bras, *et in sinum misericordiæ tuæ.*

C'est pour aujourd'hui que je me recommande ainsi à vous, *hodiè.* Le premier souci revient de droit au besoin le plus prochain et le plus pressant, c'est le besoin du jour qui luit encore. Mais dans cette suite quelquefois longue de jours dont la vie se compose, le jour du plus grand des malheurs n'a-t-il pas bien des chances de se rencontrer? Ne se rencontrerait-il pas par hasard? Quel mystère impénétrable pour notre vue si courte! Quelle incertitude effrayante pour notre cœur!... Quelle nécessité d'entourer cet avenir des meilleures garanties qu'on connaisse! C'est donc encore pour chacun des jours de cette carrière que je me recommande, *quotidie.* C'est surtout pour cette heure la plus décisive, la plus importante qui nous fixe à jamais dans la destinée, l'heure où je dois sortir de ce monde, *et in horâ exitûs mei.*

De cette manière je mets bien sûrement entre vos mains toutes mes espérances. *Tibi committo omnem spem.* — S'il me faut quelque jour être consolé parce que j'aurai des peines, j'attends de vous ma consolation, je dépose d'avance encore là tout ce que Dieu voudra m'en donner pour avoir droit de venir alors l'y chercher, *et consolationem meam.* — Mais ces peines elles-mêmes qui pourront être de cruelles angoisses, je vous les confie pour qu'elles me deviennent des épreuves profitables à ma pleine justification, à ma perfection et à ma couronne. Je vous confie mes misères pour qu'elles ne soient jamais sans remède. C'est-à-dire qu'en résumé je vous confie ma vie tout entière jusqu'au dernier soupir. *Angustias et miserias meas, vitam et finem vitæ meæ tibi committo.*

Couvrez tout cela des fruits merveilleux de votre intercession, couvrez-le de vos mérites sacrés, afin que tout ce que je ferai soit dirigé et soit fait selon la règle de votre volonté auguste et de celle du divin roi votre fils. *Ut per intercessionem tuam et per tua merita, omnia mea dirigantur et disponantur opera secundùm tuam tuique filii voluntatem.*

IV. Saint Anselme. — Marie, source des grâces.

Et ce n'est point à tort que nous nous adressons ainsi à Marie avec cette confiance qui n'admet point de limites. Car c'est elle qui est *la source des grâces,* ainsi que le déclare l'inscription suivante et c'est là ce que *saint Anselme* vient aussi nous dire dans ces paroles : MARIA PER QUAM POST DEUM TOTUS VIVIT ORBIS TERRARUM. « Marie par laquelle après Dieu vit l'univers entier. » (*Orat.* 53.)

C'est bien Jésus qui est la vie, c'est-à-dire la grâce; mais c'est Marie qui a donné Jésus au monde et dans ce don lui a procuré l'ordre de la grâce. — Et actuellement n'est-ce pas elle encore qui sans cesse livre aux âmes Jésus et la grâce et y développe l'un et l'autre? — Qui donc sans Marie a trouvé ce double trésor, lorsqu'il en était complétement indigent? Ne sait-on pas qu'elle joue un rôle dans la conversion des pécheurs, mais que sait-on de l'étendue et de la nécessité de ce rôle? Qui donc sans Marie a pu garder intacte cette unique richesse de l'âme? Ignore-t-on l'intérêt qu'elle porte à l'innocence, les efforts efficaces que cet intérêt lui inspire et en conséquence la part qu'elle a dans la conservation de ce bien lorsque quelqu'un réussit à le sauver de toute atteinte? Mais qui a mesuré le degré de cette intervention de Marie, qui a compris la place que Dieu a faite à son action dans cette œuvre de salut? Enfin, qui sans Marie a pu voir grandir en lui Jésus et la grâce? Saint Anselme peut nous le dire et l'Église qui l'a laissé parler et avec lui tant d'autres docteurs qui l'ont fait dans le même sens nous donne droit de croire que dans tout cela Marie est un instrument des plus agissants et des plus nécessaires. *Sine te,* dit-il, *nihil pietatis, nihilque bonitatis quia mater virtutis et virtutum es omnium (Orat. 47.)* « Sans vous nulle piété, nulle bonté, parce que vous êtes la mère de la vertu et de toutes les vertus dont la *vertu* se compose. »

Jésus est la lumière qui illumine ; Marie est la main charitable et empressée qui porte cette lumière au milieu de nos ténèbres et l'approche de nos yeux assoupis et fermés. — Jésus est la chaleur principe de tout sentiment et de toute activité, Marie est le foyer qui fait rayonner et qui distribue cette chaleur de manière à atteindre pour les saisir nos membres inertes et glacés. — Jésus est à la fois le cœur centre de la vie, le sang qui en circulant vivifie tout sur son passage. Marie est l'artère qui provoque le cœur à cet épanchement de la vie, qui la reçoit pour la transmettre, la dirige et la répand partout à grands flots. Aussi saint Augustin l'a-t-il appelée *la mère des vivants, mater viventium,* et à ce compte n'est-ce pas elle qui fait vivre les âmes et même tous les esprits créés qui sont avec Dieu ? Mais elle fait plus encore, *car c'est elle qui après Dieu,* nous dit saint Anselme, *fait vivre l'univers.* C'est-à-dire que la surabondance de grâce qui est en elle, en débordant sur le monde, y ravive toute créature, comme le printemps fait reverdir les plantes que l'hiver avait flétries. *O femina plena et super plena gratiâ, de cujus plenitudine exundantia respersa sic revirescit omnis creatura.* C'est qu'en effet les âmes réconciliées par Marie avec Dieu réconcilient Dieu avec le monde. Les âmes entretenues par Marie dans la grâce et ne fonctionnant plus que pour cette vie supérieure, n'usant de toutes choses que pour elle, rendent par là même à la créature matérielle sa signification et sa fin, c'est-à-dire sa vie propre qui est de servir à la gloire de son auteur et à la vraie perfection de ses œuvres. — Saint Anselme a donc eu raison encore d'appeler Marie le vase et le temple qui contient la vie et le salut de toutes choses. *Vas et templum vitæ et salutis universorum.* (*Orat.* 52.)

Oh! saluons-la encore ici par une de ces paroles du cœur. *O vita nostra,* « ô notre vie! » Dans l'endroit où nous avons à lire cette même parole, remarquons en même temps l'image qui donne un corps à la pensée qu'elle exprime. C'est le nom de Marie enlaçant un calice où se désaltèrent deux colombes. Ce sont les âmes chrétiennes qui puisent à longs traits dans ses trésors les consolations et la force, les grâces et le salut.

Portons notre attention sur la dernière travée.

CHAPITRE X.

Vitraux de la nef.

4e TRAVÉE.

Et voilà maintenant que relativement à cette dispensation de la grâce, nous avons à relever deux vérités encourageantes.

I. Saint Ephrem. — Marie dernier refuge.

La première, c'est que *Marie est le dernier refuge*, ou, comme le dit *Saint Ephrem*, (*sermo 9, de S. S. V. Mariæ Laud.* II.), qui s'offre ici en témoignage: « L'espoir de ceux qui n'en ont plus, » SPES DESPERANTIUM, « le port très-assuré de ceux qui ont fait naufrage, » TUTISSIMUS NAUFRAGANTIUM PORTUS (*ibid.*). C'est qu'en effet il y a des âmes désespérées ici-bas, Il y a des âmes qui y font de terribles naufrages, au sujet desquelles on ne peut s'empêcher de dire en les jugeant: Tout est perdu. — Il y a des âmes qui ont tellement abusé de toutes choses, tellement forfait et, pour parler humainement, qui ont à tel point exaspéré la justice de Dieu et lassé sa miséricorde, qui sont tellement au fond des derniers abîmes creusés par l'audace et le génie du crime, que de quelque côté que l'on regarde, on ne voit plus pour elle aucune probabilité de retour aux idées saines et à la vertu, que déjà leur réprobation paraît un fait accompli et semble uniquement attendre la suprême sanction de la mort. - Dès ici-bas ce sont en quelque sorte des damnés. — Et songeons y ; personne ne peut dire, en se faisant garant de son avenir : Je n'en serai jamais là, car les justes peuvent tomber et quand ils tombent ils descendent souvent plus bas que d'autres. — Or, voilà une vérité acquise, basée sur une croyance constante et universelle, sur les affirmations unanimes de tous ceux qui ont enseigné avec quelque autorité dans l'Eglise, sur des faits éclatants que chaque siècle a vus, a constatés et transmis après lui aux autres siècles, sur des faits de notre temps que tout le monde a connus et dont il s'est étonné, enfin sur des faits de tous les jours portant avec eux leur évidence ; — c'est que pour ceux-là mêmes, dans l'absence de tout ce qui est dans l'homme un élément de salut, Marie a quelquefois trouvé le moyen de réaliser un salut. — Oh ! embrassons cet espoir des désespérés. Embrassons-le à tout événement pour nous-mêmes. Embrassons-le pour ceux que nous aimons, pour tous les pécheurs auxquels nous pouvons et nous devons nous intéresser, si loin qu'ils soient dans la voie où l'on se perd.

II. Sainte Thérèse — Marie notre immanquable appui.

La seconde vérité à relever ici, c'est que *Marie est notre immanquable appui* et voici à cet égard la déclaration de *Sainte Thérèse* dont la figure vient terminer ce côté de la nef... « J'AI RECONNU MANIFESTEMENT, dit-elle, QUE JE NE ME SUIS JAMAIS ADRESSÉ A CETTE BIENHEUREUSE MÈRE DE DIEU QU'ELLE NE M'AIT ASSISTÉE. » (Tiré de sa vie écrite par elle-même.) Combien auraient lieu de s'approprier ces paroles !... Mais si par hasard nous avons à nous rappeler des circonstances où nous n'aurions pas été entendus de cette bonté, pourrions-nous bien en même temps affirmer que l'objet de nos désirs fût dans la vérité de nos intérêts et que, même en ne nous écoutant pas, Marie n'a pas été notre intelligente bienfaitrice ? Oh ! comme nous avons lieu de croire qu'elle veut notre bien tout notre bien, mais toujours dans la dépendance, de notre plus grand et de notre indispensable bien qui est le bonheur du ciel ! Comme nous avons lieu de croire qu'elle le veut le plus efficacement, d'autant que c'est la seule manière de vouloir véritablement ce qu'on peut faire ; et que ne peut-elle pas ?— Quels motifs de croire qu'elle ne nous a jamais manqué, qu'elle ne peut nous manquer !

Dans la conviction du tendre dévouement dont nous sommes les objets de sa part, encore ici un élan de notre âme vers elle. *O amantissima!* O Marie la plus aimante de toute les créatures susceptibles d'aimer, et qui aimez si bien!... Que cet amour brûlant dont vous êtes possédée et qui s'étend à tout, a bien son expression dans ce cœur d'où jaillissent de tous côtés des jets de flamme qui semblent vouloir tout atteindre et tout embraser!

Inspirons-nous de ce mot, pénétrons-nous du sens de cette image que cette fenêtre nous offre comme les autres à son sommet, et allons recueillir de l'autre côté de la nef la conclusion immédiate et pratique des deux vérités que nous venons de méditer.

III. Père Montfort. — Marie notre continuel recours.

Sous ce titre: *Marie notre continuel recours*, vous remarquerez l'image d'un grand serviteur de la mère de Dieu, le vénérable *père Montfort*, ce missionnaire si ardent à répandre son culte et qui en a fondé des traditions si solides dans notre pays. — Écoutons l'invitation qu'il nous adresse dans l'un de ses cantiques si populaires et si pieux. Mais pour que sa pensée soit plus complète, donnons ici à la citation plus d'étendue que ne pouvait en admettre le vitrail.

C'est une mère de bonté,
Personne n'en est rebuté;

Ainsi que notre heureux recours
Soit de prier en tout temps Marie;
Ainsi que notre heureux recours
Soit de réclamer son secours.

Qui donc, en effet, instruit comme nous pouvons l'être à cette heure du pouvoir sans égal de Marie, de l'incomparable tendresse qu'elle professe pour tous les hommes, de la considération qu'elle donne à tous nos intérêts et à tous nos besoins, ne songerait pas à s'adresser à elle, n'aurait pas dans les réserves de sa piété, la sainte pratique de son invocation, pour y recourir dans les moments difficiles? Qui donc ne s'y appliquerait pas sans cesse faisant à chaque instant appel à cette bonté si accessible, si prompte à exaucer, auprès de laquelle il y a tant à espérer de réussir et lui recommandant ses nécessités présentes et ses nécessités à venir?

IV. M. Ollier. — Marie chef et modèle du clergé.

Et puisque cette maison de prière où la miséricorde de Marie a choisi domicile, s'élève sur un terrain consacré à l'éducation de ceux qui aspirent au sacerdoce, n'est-ce pas le lieu, pour achever cette couronne de gloire, de recommander, en terminant, un titre auquel l'auguste patronne de ce sanctuaire a des droits si manifestes : *Marie chef et modèle du clergé.*

C'est le vénérable *Ollier* qui nous rappele ce

nouveau titre de l'auguste Vierge, lui, fondateur en France de ces précieux établissements où le jeune clergé vient se former à la vie sacerdotale et en gravir les différents degrés, tout en montant ceux de l'autel, lui si zélé pour l'honneur et le service de Marie, et qui, dans son dévouement pour elle, eut l'initiative de cette invocation si connue depuis: REGINA CLERI, ORA PRO NOBIS. « Reine du clergé, priez pour nous. »

Reine du clergé, cela veut bien dire en effet qu'elle a de tout point le premier rang dans la tribu sainte, elle qui, la première, offrit, à sa manière, l'unique et vraie victime de salut et de propitiation, et qui, en la procurant au monde pour être offerte jusqu'à la fin des temps, a fourni la première base du sacerdoce chrétien, — elle qui, élève du sanctuaire, a fait éclater aux yeux des hommes, dans un degré qui ne sera jamais atteint par d'autres, toutes les vertus qu'il faut à cet ordre, l'amour de Dieu et de sa gloire, l'amour des âmes et de leur suprême bonheur, le mépris de tout ce qui est de la terre, et la vie céleste.

Avec quelle raison pouvons nous lui appliquer cet éloge des saints livres: *Tu gloria Jerusalem*; « Vous êtes la gloire de Jérusalem. » Cette cité mystérieuse qui est la société des enfants de Dieu, des serviteurs de Dieu, n'a-t-elle pas sa gloire dans l'honneur de ce père, dans le service de ce maître?

— Mais n'est-ce pas de Marie que lui vient cette faculté d'honorer Dieu du plus grand honneur, de le servir de la manière la plus parfaite, puisque c'est dans le fruit de ses entrailles que se trouve l'hommage le plus élevé qu'on puisse offrir au souverain Roi, le fondement de tout ce culte chrétien, le vrai lien du ciel et de la terre, la source de toute sainteté et de tout salut, le principe de la grâce qui est le germe de la gloire, puisque son exemple, son invocation, sa protection, font naître et grandir partout les vertus qui sont la vie et le lustre du sacerdoce. — *Tu gloria Jerusalem.* « Vous êtes la gloire de Jérusalem. » C'est là ce que signifie ce dernier emblème du nom de Marie environné de rayons éblouissants et jetant des splendeurs inouïes sur cette ville dont les dômes s'élèvent jusque dans les régions éternelles et qui est l'habitation de Dieu.

Voilà toute une route de parcourue et, après avoir recueilli sur ce chemin tous les traits merveilleux de cette auguste physionomie, nous connaissons Marie, si grande au milieu des siècles,— si grande par les trésors de grâce qui sont en elle, — plus grande que toutes les femmes, que toutes les créatures, — ce qu'il y a de plus pur non-seulement dans l'humanité mais dans toutes les œuvres de Dieu, et qui, par un miraculeux privilége, a pu conserver la pureté virginale jusque dans la maternité. — Vierge et mère, ce qu'elle ne pouvait être à la fois que pour être la mère d'un Dieu, Mère de Dieu donc et notre mère, mais, en conséquence de sa maternité divine, revêtue de la plus haute dignité qui soit au monde, du plus immense pouvoir qu'on y connaisse après celui de Dieu et l'exerçant de la manière la plus bienveillante et la plus efficace pour notre bonheur, c'est-à-dire Reine de l'univers et notre Reine, source des grâces, dernier refuge, appui qui ne peut manquer, recours de tous les instants, et enfin chef et modèle du clergé.

Quels ne doivent pas être les sentiments de notre âme devant tant de grandeurs, tant de perfections, tant de miracles, tant d'amour, tant de richesses, tant de bienfaits et tant d'espérances ! Oh ! que nous sommes bien préparés maintenant à entendre les récents prodiges de sa clémence, le dernier mot de sa bonté ! C'est dans le sanctuaire que nous attend cette révélation ; nous allons la trouver dans cette nouvelle série de vitraux qui se présente là à notre étude. C'est l'histoire de cette dernière intervention miraculeuse de Marie dans les affaires si compromises de notre monde contemporain, c'est-à-dire de son apparition sur la montagne de la Salette. Mais, pour que l'exposé soit plus complet, prenons les choses de plus haut.

CHAPITRE XI.

Vitraux du Sanctuaire.

1er VITRAIL DU COTÉ DE L'ÉVANGILE.

Cet ensemble que nous allons méditer ici peut se résumer sous un premier coup d'œil en ces quelques mots : Par suite de nos prévarications contre la loi de Dieu, c'en était fait de nous devant sa justice. Marie s'est interposée charitablement entre les ressentiments de cette majesté offensée et notre génération coupable. Après s'être faite notre garant auprès de Dieu, elle est venue, de sa part, nous apporter un message de paix et nous mettre à même de nous sauver pourvu que nous tinssions compte de ses avis maternels. — Voilà même le grand objet de ce monument tout entier, hommage d'expiation à l'adresse de cette justice dévorante, témoignage de reconnaissance pour l'avocate qui a pris en mains notre cause désespérée. — C'était bien du reste dans cet endroit le plus capital et le plus intime du temple que devait se présenter à nous cette pensée qui commande ici à toutes les autres et dont nous allons suivre le développement dans les pages nouvelles que nous avons sous les yeux.

Il existe donc une loi de Dieu, expression sainte et redoutable d'une volonté devant laquelle tout doit non-seulement s'incliner, mais s'anéantir, — promulguée dans l'appareil le plus terrible sur le Sinaï, — appuyée, dans les siècles qui ont suivi jusqu'à l'avénement du Sauveur, par les voix divinement inspirées des prophètes et les miracles vengeurs dont le Seigneur leur donnait la puissance, — confirmée sur le Thabor par le fils de Dieu dans tout l'éclat de sa majesté et la plénitude de son autorité, enfin transmise par l'Église dans tous les âges chrétiens et soutenue par toutes ses prescriptions, par tous les moyens de sa pratique, par la double sanction de ses sévérités et de ses bénédictions, de ses promesses et de ses menaces. Voilà ce que cette loi de Dieu est arrivée jusqu'à nous. — Qui osera la mépriser?...

Tel est le sujet du premier vitrail que nous rencontrons dans notre marche en remontant par le côté de l'évangile.

Dans le quatrefeuille de la fenêtre, vous apercevez l'image de la divine colombe, principe de la lumière surnaturelle qui seule peut nous ouvrir la porte de ces régions impénétrables à l'œil purement humain et nous y guider. — Elle se présente à la tête de ces pages comme pour nous dire que la foi en est évidemment la clef unique.

Et maintenant, au centre de la verrière, contemplons tout d'abord cette figure à laquelle l'art s'est visiblement efforcé d'imprimer le caractère, pour ainsi dire, de toutes les majestés à la fois — de la majesté de l'âge, car c'est un vieillard, — de la majesté du pouvoir, car c'est un roi dans toute la dignité de sa représentation, — de la majesté de la sainteté, car c'est un être céleste et le premier de tous, comme on peut le voir au nimbe divin dont sa tête est environnée. Le fait est qu'il s'agissait pour l'imagination humaine de figurer celui dont la nature échappe à tous les contours de la forme parce qu'il est immatériel et infini, d'exprimer cette éternité d'où procèdent tous les siècles et où ils s'abîment, — cette royauté principe et sève de toutes les royautés, cette sainteté devant laquelle s'effacent toutes les justices et toutes les saintetés. Aussi que faire en présence de cette image, si ce n'est de reconnaître l'intention sans doute de rappeler le mieux qu'il fût possible ce suprême objet de la pensée humaine, mais en même temps un aveu d'impuissance et une invitation à chacun de chercher dans les profondeurs accessibles de la vérité, avec toutes ses forces intellectuelles réunies quelque rayon, si faible qu'il soit, de cette incompréhensible grandeur? Hélas! en approcherons-nous jamais?

Quoi qu'il en soit, ce monarque auguste que les Anges adorent en tremblant, *quem trementes adorant angeli*, devant lequel les esprit bienheureux ne cessent de crier dans leur infatigable enthousiasme: « Saint,

Saint, Saint est le Seigneur,» *Sanctus, Sanctus, Sanctus Dominus*; ce roi splendidement couronné qui tient en main le sceptre et soutient la boule du monde, c'est l'auteur de la loi.

Si sainte et si digne déjà de toutes les vénérations par sa source invisible, ne l'est-elle pas par les manifestations successives qui l'on recommandée au monde et que viennent rappeler les quatre médaillons accessoires?

Dans la partie supérieure, à droite, c'est la scène formidable du Sinaï, Moïse apportant au peuple choisi, au milieu des éclairs et du bruit des trompettes célestes et des tonnerres, les tables gravées de la main de Dieu.

A gauche ce sont les prophètes dont les quatre principaux se distinguent à leurs attributs: Isaie appuyé sur la scie qui fut l'instrument de son martyre, Jérémie assis tristement sur des ruines, Ezéchiel portant la roue mystérieuse de sa première vision, Daniel ayant à ses pieds les lions dont il partagea la demeure, tous ambassadeurs sur la terre de celui qui règne au ciel, venant revendiquer près des hommes ses droits oubliés et méconnus, et annoncer de sa part les châtiments qui attendent les obstinés.

Dans la partie inférieure, à droite, c'est Jésus se montrant aux trois disciples privilégiés tout resplendissant des rayons de la divinité, pendant que la voix du Père céleste commande qu'on écoute celui qui vient, non abroger la loi, mais y mettre la dernière main, *ipsum audite.*

A gauche ce sont les disciples recevant de lui la mission de transmettre aux peuples et à leurs générations, tout ce qu'il leur a ordonné, *quæcumque mandavi vobis,* et en même temps les menaces et les promesses qui sont attachées à ses commandements. Il les revêt à cette fin de sa propre autorité, à tel point que quiconque les méprisera, méprisera le fils de Dieu lui-même; *qui vos spernit me spernit.*

Disons ici, en passant, que l'ordre des sujets ne commandera pas dans toutes les verrières qui suivent le même ordre de pl ces. Quand on a cru devoir changer de parti pour un motif ou pour un autre que nous ne prendrons point la tâche d'exposer, on l'a fait librement. Que le lecteur veuille bien faire cette simple concession.

CHAPITRE XII.

Suite des vitraux du Sanctuaire.

2e VITRAIL.

Il ne semblerait pas qu'une loi assise sur des fondements aussi vénérables pût être l'objet du mépris des mortels. Mais au contraire dans aucun temps les mépris ne lui ont manqué et s'il nous est permis de supposer déjà les révélations dont le récit doit venir à son heure, il paraît qu'à l'époque où nous vivons, les provocations faites à cette autorité suprême qui a si incontestablement droit d'être obéie sont plus audacieuses et plus irritantes que jamais. — Une scène émouvante s'est passée et peut-être se poursuit encore dans le ciel. — Marie, mère de Jésus et aussi mère des hommes, s'est prosternée devant le trône de son fils qui a été constitué juge des vivants et des morts et s'est mise à lutter contre sa juste fureur ; mais elle ne pouvait, nous a-t-elle dit elle-même, soutenir plus longtemps son bras, levé pour frapper et devenu trop lourd.

Elle-même encore nous apprend le sujet de cette divine colère. C'est l'oubli outrageant que les hommes ont fait de la loi sainte et à cet égard elle nous signale quatre reproches principaux : 1° On n'entend point la messe les jours où cette pratique est un devoir du chrétien ; 2° On travaille le dimanche ; 3° On blasphème le saint nom de Dieu ; 4° On enfreint sans scrupule les règles de l'abstinence. — Telle est la matière de ce second vitrail.

Au plus haut des cieux vous apercevez le Père céleste dans sa tranquille majesté, les yeux arrêtés sur son fils auquel il a dit : « *Je vous donne les nations en héritage et la terre en pleine propriété. Ceux qui se révolteront contre votre loi, vous les gouvernerez avec une verge de fer et vous les briserez au besoin comme des vases d'argile.* » *Dabo tibi gentes hereditatem et possessionem tuam terminos terræ. Reges eos in virga ferrea et tanquam vas figuli confringes eos.*

Commençons par remarquer ici les quatre médaillons qui reproduisent les reproches dont nous venons de parler. — Dans la zône supérieure, à droite, c'est la première infraction signalée. *On ne va point à la messe.* Le temple est ouvert, la cloche ébranlée par la main d'un ange met en mouvement toute une population qui se rend à la maison de Dieu. Sur le premier plan, un homme est assis devant une table à la porte d'une hôtellerie, n'écoutant que ses grossiers appétits, *quorum Deus venter est*, et a les yeux fermés au bon exemple et l'oreille sourde aux mélodieuses invitations de l'Église.

Au médaillon voisin nous rencontrons la seconde infraction : *on travaille le dimanche.* C'est le jour du Seigneur, comme le porte une inscription qui domine le sujet, *Dies Domini.* Le peuple est prosterné devant l'autel où le prêtre offre le saint sacrifice. Pendant ce temps jusque sur la place du temple se produit le spectacle attristant de ces esclaves avilis du travail, les yeux inclinés et le corps courbé vers la terre, dédaignant le noble et vivifiant repos de ce jour consacré et les pensées rafraîchissantes qu'il leur offre dans le souvenir de leurs destinées dernières.

Dans la partie inférieure, à droite, nous trouvons la troisième infraction : *On blasphème le nom de Dieu.* Ce sont des impies en délire, lançant leurs traits contre le ciel où resplendit ce nom adorable. Vient enfin la quatrième infraction : *On viole sans scrupule la loi de l'abstinence.* Le prêtre revêtu du surplis et de l'étole violette répand la cendre sur la tête des pieux fidèles. C'est évidemment le premier jour de ce temps voué à la pénitence. Au mépris de l'autorité divinement établie qui prescrit à cette heure les aliments maigres, une femme est occupée sur le devant du tableau à faire ses provisions de la nourriture défendue.

Quels sujets d'irritation pour celui dont la loi juste et bienfaisante est foulée aux pieds et qui tient en main la foudre !...

Dans le tableau du milieu, Jésus donc est assis sur son trône, le bras prêt à frapper de son glaive de feu les malheureux qui déshonorent son nom et son image. Marie, dans l'attitude d'une mère vivement alarmée qui a vu les dangers pressants de ses enfants et qui vole à leurs secours pour leur épargner les derniers malheurs, s'est jetée entre le Dieu vengeur et les insensés qui l'outragent et le défient, et elle cherche à détourner ses coups. — Y réussira-t-elle ?...

Pendant ce temps aux quatre angles de ce sujet principal, voilà les fléaux qui, dociles à la voix du maître souverain, se précipitent avec fureur sur la proie qui leur est désignée. Ce sont les mêmes cavaliers mystérieux que saint Jean nous dépeint dans son Apocalypse.

Et vidi et ecce equus albus et qui sedebat super illum habebat arcum et data est ei corona et exivit vincens ut vinceret. « Et voilà que je vis paraître un cheval blanc et celui qui le montait avait un arc, et il lui fut donné une couronne et il partit en vainqueur courant à de nouvelles victoires. »

Quand Dieu est en affaire avec les pécheurs, il les livre d'abord à toutes les poursuites de sa vérité. Cette vérité souveraine au joug de laquelle ils ont cru se soustraire en niant ce qu'elle affirme, en méprisant ce qu'elle commande, en satisfaisant les désirs qu'elle condamne et en se donnant une liberté qui ne peut pas être et qu'elle déclare n'être pas, après tous les crimes commis, ils la rencontrent de la manière la plus importune, qui les assourdit de ses cris, qui leur fait sentir l'aiguillon du remords, qui trouble la paix de leurs jouissances et dresse sans cesse à leurs yeux toutes les menaces terrifiantes de l'avenir. Ce sont là pour elle comme autant de flèches aiguës dont elle atteint et transperce au besoin les âmes coupables.

L'énigme donc de ce premier personnage dont la couleur symbolique est celle de la lumière elle-même, *et ecce equus albus*, de la lumière, figure matérielle de l'immatérielle vérité, ne serait-ce point cette vérité visible et palpable d'ici-bas : *la Religion*, lumière des âmes ? — Pour lancer aux hommes ces paroles qui les blessent et les tourmentent comme des traits acérés et pénétrants, elle a en effet un arc, *habebat arcum*. C'est l'autorité divine dont elle est revêtue, elle qui parle au nom de Dieu et en transmet aux hommes les oracles. — Une couronne lui a été donnée aussi, car il lui a été dit d'enseigner les nations, c'est-à-dire de les soumettre, dans l'humilité de la foi, à ses dogmes, à tel point que quiconque se révolte contre elle se révolte dès lors contre Dieu lui-même, et n'est-ce pas là une royauté ? *Et data est ei corona.* — Enfin c'est par une victoire signalée qu'elle a pris position sur la terre. *Exivit vincens.* Mais elle n'est jamais victorieuse que pour pousser toujours plus loin sa victoire. — Lorsqu'elle a un terrain, c'est pour en gagner un autre. Quand elle a soumis un peuple, il faut qu'elle fasse la conquête d'un autre peuple. Et dans chaque homme, quand elle a subjugué l'intelligence, elle vise au cœur, elle cherche ensuite à dompter les passions, à les comprimer de plus en plus, pour que l'homme qui était mauvais devienne bon, et de bon meilleur encore. *Et exivit vincens ut vinceret.*

Reconnaissons donc ici *la Religion*, chose étrange! parmi les fléaux de Dieu. Et n'est-elle pas, en effet, le premier fléau pour l'impie? Est-ce qu'elle ne *flagelle* pas ses ennemis? Est-ce qu'elle ne leur inflige pas de douloureuses et d'insupportables blessures? Jugeons-en par les mouvements qu'ils se donnent pour l'enchaîner, et si cela n'était pas au-dessus de leurs forces, pour s'en délivrer radicalement. Mais c'est un fléau qui ne révèle que la miséricorde. En l'employant, Dieu, comme le médecin, ne blesse que pour guérir. Aussi n'ayez pas peur que Marie cherche à épargner à ses indignes protégés ce salutaire supplice. Mais s'il ne réussit pas, Dieu a d'autres ministres qui peuvent faire jour à ses droits et forcer les hommes à s'y incliner. Pour ce coup, ce sont les vrais fléaux, les châtiments qui déchirent et qui torturent, et pourtant encore, excepté le dernier qui ferme à tout jamais la voie aux utiles retours et au pardon divin, comme ils sont empreints de miséricorde autant que de justice ! Car, en punissant, Dieu veut toujours sauver jusqu'à la dernière sentence dont il n'y a plus à revenir. — Les voici qui se suivent.

Et exivit alius equus, rufus, et qui sedebat super illum datum est ei ut sumeret pacem de terra et ut invicem se interficerent et datus est ei gladius magnus. « Et il sortit un autre cheval d'une couleur ardente (rappelant à la fois le feu et le sang, la fureur et le carnage) et il fut donné à celui qui était dessus le pouvoir d'enlever la paix de toute la terre et de faire que les hommes s'entretuassent et il lui fut mis dans la main une grande épée. » A quels autres attributs reconnaîtrions-nous *la Guerre* ? La guerre, sous toutes ses formes, celle des forts contre les faibles, des méchants contre les justes, des étrangers contre les fils de la patrie, des frères, hélas ! contre leurs frères, — la guerre avec toutes ses horreurs, ses spectacles sauvages, ses continuelles alarmes, ses souffrances de tout genre, ses deuils sans nombre, ses ruines et ses désastres. Tels sont les sujets des deux angles supérieurs.

Et ecce equus niger et qui sedebat super illum habebat stateram in manu sua et audivi tanquam vocem in medio quatuor animalium dicentium : Bilibris tritici denario et tres bilibres hordei denario. « Et voici tout à coup un cheval noir, c'est-à-dire d'un aspect sinistre, et celui qu'il portait tenait en main une balance et j'entendis sortir du milieu des quatre animaux comme une voix avec laquelle ils disaient : A un denier la mesure de blé, et à un denier encore les trois mesures d'orge. » Cette parcimonie avec laquelle sont accordés ces aliments les plus communs de l'existence humaine, la valeur excessive que leur assigne la voix prophétique ne désignent-ils pas ici *la Famine*, cette calamité dont le nom seul épouvante ?

Et ecce equus pallidus et qui sedebat super eum Mors nomen illi et infernus sequebatur eum. Et data est illi potestas super quatuor partes terræ interficere gladio et fame et morte et bestiis terræ. « Enfin il vint un cheval d'une apparence livide, et celui qui était dessus s'appelait *la Mort* et l'enfer le suivait et il lui fut départi un pouvoir sur les quatre divisions de la terre pour y exterminer les hommes, avec le glaive, avec la faim, avec les maladies qui tuent et la dent des bêtes sauvages. »

C'est le dernier, le plus cruel des exécuteurs de la vengeance divine et ses coups sont les plus irremédiables, car après eux c'est l'éternité, et si à sa vue l'homme n'a pas fait enfin sa soumission à Dieu, cette éternité est l'enfer. *Et infernus sequebatur eum.*

Marie donc, dans son zèle infatigable pour nos intérêts, a dû, sans doute, dire à celui dont relèvent tous ces fléaux : Oh ! de grâce, arrêtez et ne frappez pas encore. Peut-être que les seules menaces de si grands maux suffiront pour convertir leurs cœurs. Permettez-moi d'aller auprès d'eux leur représenter les abîmes où ils courent et faire le dernier effort pour les ramener à vous par le repentir et l'amour. — C'est en effet ce qui a eu lieu et ce qui devient le sujet de la verrière centrale. Là se peignent toutes les phases de cette apparition dont notre édifice doit recommander la mémoire.

CHAPITRE XIII.

Suite des vitraux du sanctuaire.

3e VITRAIL.

Le même juge, que nous venons de contempler si vivement irrité, se montre ici, dans le couronnement du vitrail, déposant l'arme de sa colère et regardant ce qui se passe ici-bas. Donnons-y de même notre attention, en suivant l'ordre des faits.

Au médaillon de droite, dans la partie inférieure, voilà deux enfants endormis. Ce sont ceux que Marie va faire les confidents de ses tendres alarmes et ses intermédiaires près des hommes. Le choix de Dieu pour ces sortes de missions retombe d'ordinaire sur les plus petits et les plus purs. L'enfance et la vie des champs, quoi de plus innocent et de plus humble ?

Dans le médaillon contigu, Marie est assise sur un rocher, cachant de ses mains son visage et l'affliction dont il est empreint et pendant ce temps, elle rayonne d'un éclat inconnu à la terre. C'est dans cet état qu'à leur réveil les deux jeunes bergers vont l'apercevoir avec étonnement.

Dans le médaillon supérieur de droite, Marie est

encore assise au même lieu, mais elle a découvert son visage tout baigné de larmes et d'un signe elle invite les enfants à s'approcher d'elle.

Ici se présente celle des situations de ce drame céleste dont la peinture est la plus populaire et à ce titre ne devait-on pas lui assigner la première place?

L'ambassadrice de Dieu s'est dressée et laisse voir dans le détail toutes les particularités de ce costume dans lequel il lui a plu de se rendre visible. C'est ce que l'art, en renonçant à toutes ses traditions et quelque peu à ses idées, s'est appliqué à reproduire ici d'après les dépositions de ceux qui ont vu.

La sagesse humaine n'a pas été sans protester, au nom de certaines règles et de certaines habitudes de son esthétique, contre cette surprenante singularité. Procurons-lui une première satisfaction; c'est qu'aucune des images dessinées sur les données des témoins n'a contenté encore leurs souvenirs et que leurs déclarations laissent peu d'espoir au talent d'y arriver quelque jour. — Comment du reste, avec des ressources humaines, rendre des magnificences qui n'ont rien de commun avec celles de la terre, déjà si difficiles à rendre? — Il est dans la raison des choses que Marie a dû apparaître belle. Les éléments de cet appareil dans lequel elle s'est produite, ces roses, ces tissus éblouissants, ces merveilleuses couleurs, ces rayons de lumière disent assez qu'elle y visait. — On sent de suite qu'elle n'a pu rester au-dessous des conceptions de l'homme et que le spectacle qu'elle offrit devait être inaccessible aux répugnances du goût le plus délicat et aux dédains de la critique. Et, en effet, les enfants attestent que ce qu'ils ont vu était ravissant à voir. Si donc devant les représentations qu'on en a hasardées le goût éprouve des contrariétés, n'est-il pas permis de conclure que, tout en produisant des choses moins éloignées que d'autres de la réalité, l'art n'a pas réussi, qu'il ait été mal servi par les réminiscences et les documents qu'elles ont fournis ou par sa propre impuissance en présence d'une tâche surhumaine.

Et par le fait quand les enfants ont dû rendre le compte le plus circonstancié de ce qui s'est montré à leurs yeux, leur mémoire était-elle surnaturalisée, leur parole était-elle divinement assistée pour rendre sensible le type que le pinceau ou le ciseau allaient avoir à reproduire? L'intelligence de ceux qui ont recueilli leur témoignage a-t-elle été miraculeusement illuminée pour appréhender les linéaments et les contours des formes qui leur étaient décrites avec précision ? Leur main a-t-elle été conduite par une vertu céleste pour ne pas s'égarer de la plus légère déviation en les dessinant? Rien ne le prouve et on peut croire que Dieu n'a point reconnu à ce détail une telle importance. Et s'il n'a pas jugé à propos d'intervenir sur toute la route qu'a dû parcourir cette vérité très-accessoire, reste l'insuffisance humaine, d'une part pour se rappeler, pour décrire et se faire comprendre, d'autre part pour saisir et pour rendre. Qui ne sait combien les descriptions laissent de vague, combien sur ces seuls renseignements non-seulement il est facile de ne pas atteindre une forme, mais même combien il est difficile de l'atteindre, combien la ligne échappe à la description et d'après la description à l'appréciation? — Bien loin d'ailleurs de trouver là un motif de ne pas croire au fait de l'apparition, n'y verrons-nous pas se révéler une nouvelle valeur dans les affirmations des deux jeunes témoins? Si elles n'étaient pas vraies, en effet, pourraient-elles être si parfaitement unanimes sur des choses, que deux à la fois ne sauraient inventer, au sujet desquelles, supposé qu'ils eussent pu s'entendre, ils n'auraient du moins pu prévoir toutes les interrogations et donner en conséquence sans hésitation et avec tant d'accord toutes les réponses? Maintenant en dehors de cette question des formes, que Marie, au lieu de se présenter en reine, ait semblé préférer de se présenter dans les attributs de l'humble fille du peuple devant les enfants du peuple, y a-t-il là matière à une objection? Qui donc en restant au point de vue du préjugé humain eût pu reconnaître le Fils de Dieu, aux signes extérieurs dont il voulut être annoncé? *Invenietis infantem pannis involutum et positum in præsepio.* « Vous trouverez un enfant enveloppé de langes et couché dans une crèche. » — Mais laissons là cette question et revenons à notre sujet.

Marie est donc debout, communiquant aux deux jeunes pâtres ce que, par leur intermédiaire, elle veut faire connaître aux hommes, de la part de son Fils, c'est-à-dire les reproches mérités par leur conduite et les châtiments que leur réserve la justice céleste, s'ils ne rentrent dans le devoir.

Dans cet acte de sa bonté, Marie a bien droit aux hommages que lui rendent en dehors de cette scène ces deux anges qui l'encensent et ceux qui reproduisent ici ces deux exclamations de l'Église à son sujet: *O clemens! o pia!* « O miséricordieuse, ô tendre Marie! » Qu'elle est bonne en effet de s'occuper ainsi de nous, de prendre une part si affectueuse et si dévouée à nos malheurs!...

Enfin, le médaillon supérieur de gauche nous la montre s'élevant au ciel, à la vue des deux témoins privilégiés, pendant que Maximin s'élance pour saisir une des roses attachées à sa chaussure.

CHAPITRE XIV.

Suite des vitraux du sanctuaire.

IVe VITRAIL.

Voyons maintenant la suite de cet événement. Marie après avoir fait aux bergers l'exposé des fléaux suspendus sur la tête des hommes et des graves reproches que Dieu leur adresse, leur a dit de faire passer cela à son peuple. A présent du haut du ciel à son tour, elle regarde et elle attend.

Voici donc le message céleste qui commence son voyage. Au premier médaillon de droite, partie inférieure, c'est la première étape. Les enfants sont venus trouver leur vénérable curé. Il les écoute, les yeux levés au ciel, dans les visibles émotions de la surprise et de la douleur.

Au médaillon de gauche, la vérité révélée a fait un nouveau chemin. C'est l'enquête de l'évêque diocésain. Les enfants comparaissent devant lui et devant la commission nommée par lui pour l'examen juridique du prodige.

Le grand sujet du milieu nous représente deux vénérables prêtres de Grenoble venant au nom de leur évêque apporter au Père commun des fidèles

les secrets confiés par Marie. Après avoir pris connaissance des lettres qui les contiennent : *Ce sont*, dit Pie IX, *des fléaux qui menacent la France. Elle n'est pas seule coupable. L'Italie l'est bien aussi, l'Allemagne, la Suisse, l'Europe!...*

Par allusion à ces paroles, aux quatre angles de ce tableau s'offre la personnification des quatre nations désignées. — Dans le haut, à droite, c'est *la France* consacrant et protégeant cette liberté, instrument et source de toutes les corruptions, et qu'un souverain pontife dénonçait en ces termes aux exécrations et à l'horreur des vrais croyants : *Illa deterrima ac nunqùam satis execranda et detestabilis libertas artis librariæ ad scripta quælibet edenda in vulgus quam tanto convicio audent nonnulli efflagitare ac promovere.* « Cette perverse, cette à jamais maudite et détestable liberté de la presse qui consiste à pouvoir publier n'importe quels écrits; liberté en faveur de laquelle il en est qui font tant de bruit pour l'obtenir et pour l'étendre. » (*Encyclique de Grégoire XVI*, 15 août 1832.)

A gauche, c'est *l'Allemagne* à la libre pensée et aux nébuleuses doctrines, cachant sa tête dans les nuages et foulant aux pieds tous les insignes de la hiérarchie catholique, c'est-à-dire toute autorité spirituelle. — Au bas, à droite, c'est *l'Italie*, la nation des arts et du bien-être. Couronnée de lauriers et de fleurs, elle est environnée des œuvres où se manifeste le génie du beau et des instruments qui lui servent pour le produire. Dans un funeste délire, elle s'efforce d'enlever à la tiare une de ses couronnes. — Enfin c'est *la Suisse*, assise sur ses montagnes, et brisant une crosse. Que d'attentats consommés sous les inspirations protestantes et révolutionnaires contre les droits les plus saints de l'Église assiégent ici le souvenir !

Que ces noms prononcés par une bouche sacrée sous l'impression des amertumes du cœur et signalés par elle comme des noms voués au malheur n'en demeurent pas frappés d'une sorte de malédiction. Puisse cette parole qui a tant de puissance au cie et sur la terre, en indiquant les coupables et les déclarant dignes des châtiments divins, n'être un poids ni sur leur présent ni sur leur avenir et n'avoir pas l'efficacité de la parole des anciens patriarches dont leur volonté même ne pouvait plus arrêter les effets, quand, saisis de l'esprit de Dieu, ils avaient prophétisé les destinées de leur fils. S'il en était ainsi les vœux de l'âme paternelle de notre Pontife seraient bien trahis !

Après ce grand pas qu'il vient de faire, le message divin marche encore. C'est la terre entière pour ainsi dire qui a rendez-vous sur la montagne glorifiée par l'apparition, et qui vient y recueillir les oracles nouveaux. Un missionnaire est là près des croix dressées sur les vestiges de Marie, racontant au peuple attentif le dévouement, les alarmes et les désirs de cette tendre mère.

Nous arrivons au dernier sujet de cette page. Ce lieu sanctifié par la présence de Marie méritait bien la distinction accordée à celui où Jacob vit l'échelle mystérieuse et les anges de Dieu qui descendaient et montaient par ses degrés. Reconnaissant que ce lieu inspirait l'épouvante et que ce pouvait bien être là la porte du ciel, le patriarche à son réveil érigea en monument la pierre qui lui appuyait la tête. Ne convenait-il pas également d'enlever ce lieu aux usages profanes et de le consacrer à perpétuer la mémoire d'un si grand événement! Une église s'élève sur ce plateau et c'est là l'édifice que nous offre le dernier médaillon.

CHAPITRE XV.

Suite des vitraux du sanctuaire.

Ve VITRAIL ET ROSACES.

Désormais la semence est jetée partout. Quelle moisson produira-t-elle? Celle qu'il faudrait pour combler de consolation et de joie le cœur de Marie, ce serait *le monde tout entier arraché à l'empire du mal, subjugué à celui du bien.* En attendant ce résultat bienheureux, unissons-nous à elle pour l'appeler de tous nos vœux. C'est évidemment la grande prière enseignée par le Sauveur lui-même qui se recommande ici à nous et si les idées qu'elle exprime sont susceptibles de revêtir une forme sensible, ne serait-elle pas bien à sa place dans le vitrail qui nous reste? Essayons.

En conséquence donc, la charitable démarche de notre mère qui est aux cieux, des avis qu'elle est venue nous donner, des impressions que nous avons pu en recevoir, *notre Père qui êtes aux cieux!* c'est la Trinité sainte dont l'image occupe le quatrefeuille de cette dernière fenêtre; *que votre nom* si audacieusement blasphémé, *soit* enfin au contraire *sanctifié.* Nous allons retrouver l'expression de cette première demande du *Pater* dans le grand compartiment de cette verrière.

Le nom de Dieu sanctifié! C'est sa vérité prêchée, acceptée, pratiquée, c'est son amour régnant dans les cœurs et se produisant au dehors par les paroles et par les actes qu'il inspire. Voilà le prêtre qui offre à cette Majesté divine l'encens pur de la prière chrétienne. Voilà le prédicateur qui exalte la croix aux yeux des peuples, le vieillard qui médite les paroles de la sainte tradition et les espérances qu'elles consacrent et dont le besoin se fait plus sentir après toutes les déceptions de la vie, et après toutes ces illusions dissipées, la jeune fille qui emprunte à l'orgue les accents que réclament les sentiments enthousiastes de son cœur et fait retentir la louange de Dieu dans les saintes assemblées, la femme du peuple qui récite l'humble rosaire, le pécheur repentant qui se frappe la poitrine au souvenir amer de ses écarts passés. Voilà l'enfance dont la voix innocente s'élève pour bénir le Dieu qui réjouit les jeunes années. La Vierge qui a voué à ce même Dieu ses affections les plus tendres et toutes ses destinées, embrassant avec ardeur l'image du chaste époux qu'elle s'est donné pour toujours. — Voilà le jeune homme que la boue de ce monde n'a point touché, mettant sous la protection de la grâce cette beauté angélique qui fait la gloire de son âme et l'inestimable parfum du lys éblouissant qu'il y cultive avec bonheur, — la jeune mère de famille dirigeant ses regards vers celui qui est la fin unique de toutes les générations. Ici tout aime, adore et prie.

Que votre règne arrive. A l'angle supérieur de droite, c'est un ange qui soulève amoureusement la boule du monde dominée de la croix.

Que votre volonté soit faite, à gauche, un ange encore adorant l'expression de cette volonté auguste sur les tables de la loi.

Sur la terre comme au ciel, ou plutôt, pour suivre l'ordre du texte latin, *sicut in cœlo et in terrâ*. « *De même qu'au ciel, sur la terre aussi.* » — Au ciel donc les anges sont tous prosternés sous le sceptre de Dieu. Voilà le sujet de l'angle inférieur de droite. Qu'il en soit ainsi sur la terre, c'est-à-dire que la société humaine de son sommet jusqu'à sa base, rois, prêtres, guerriers, magistrats, peuple dans tous ses degrés et dans ses catégories de rang, de profession, de sexe et d'âge soit prosterné sous ce même sceptre adorable. C'est le sujet de l'autre angle.

Remontons au médaillon supérieur de droite. *Donnez-nous aujourd'hui notre pain quotidien.* C'est Jésus multipliant les pains pour nourrir les multitudes.

Au médaillon de gauche, *pardonnez-nous nos offenses.* C'est le père de l'enfant prodigue le recevant dans ses bras, acceptant et bénissant son repentir ; *comme nous pardonnons à ceux qui nous ont offensé*. Sur l'arrière plan de cette première scène, c'est Étienne lapidé et priant pour ses bourreaux.

Descendons au médaillon inférieur de droite. *Ne nous laissez pas succomber dans la tentation.* Nous reconnaissons ici Raphaël guidant Tobie.

Enfin Michel renversant Satan et le précipitant dans l'abîme vient répondre à cette dernière demande *délivrez-nous du mal.*

Oh ! voilà bien tous les vœux que nous avons à former et dont nous avons aussi dans la mesure de nos forces à poursuivre sans cesse la réalisation. Oui, Jésus-Christ dans les cœurs, sur les lèvres, dans la vie de tous les hommes, dans les lois, dans les coutumes, dans les aspirations et les mouvements des sociétés; c'est-à-dire le bien partout, le mal nulle part si ce n'est aux abîmes que la justice de Dieu lui a assignés pour l'éternité et la bénédiction sur tous les hommes, le pardon aux pécheurs désormais rentrés dans la voie, l'accroissement des grâces aux justes.

Avant de quitter les vitraux du sanctuaire, encore une légère attention aux deux rosaces qui en éclairent la première travée. C'est une double action de grâces à Marie. A droite il s'agit d'une guérison opérée par l'eau de la miraculeuse fontaine qu'elle a laissée comme un gage précieux de son passage sur le lieu même de l'apparition et dont l'image occupe le centre. On peut lire dans le vide des rayons cette épigraphe : *Aquam dedisti ad sanandum infirmos.* « Vous nous avez donné une eau salutaire pour guérir nos infirmités, » avec l'époque qu'a marquée cette grâce.

A gauche s'offre le souvenir d'une conversion, fruit de cette apparition sérieusement méditée. Au milieu de la rosace rayonne une brillante étoile, figure de Marie à laquelle s'adresse cet hommage : *Fulgida apparuisti ad mentes illuminandas.* « Vous vous êtes montrée resplendissante pour illuminer les âmes. » — La date qu'on lit au bas est celle de ce bienheureux retour.

CHAPITRE XVI.

Vitraux du Transept.

LES DEUX GRANDES FENÊTRES.

La bonté de Marie ne se lasse point. Les dernières nouvelles venues du ciel nous la montraient dans son rôle d'avocate, à coup sûr elle y est encore, elle y sera jusqu'à la fin des temps. Elle y est pour tous ceux qui lui témoignent leur confiance et invoquent sa protection. Elle y est pour nous qui avons été des premiers à croire aux confidences et aux larmes de sa tendresse découragée, qui nous sommes empressés de recueillir ses conseils, et qui pour les recommander à l'attention du monde et en même temps lui en exprimer notre reconnaissance, lui avons érigé ce monument et ne cessons de l'y prier. Nous pouvons donc nous la représenter plaidant sans relâche au tribunal de son Fils, qui est notre juge, et s'efforçant de faire valoir près de lui tous les titres que nous pouvons avoir à sa miséricorde et en particulier les prières et les œuvres que produit notre Église de Nantes. Tels sont les sujets que nous avons à reconnaître dans le transept, aux deux grandes vitres des pignons.

Ainsi dans la rose qui couronne celle du midi, voilà bien Jésus assis sur son trône, et sa mère debout près de lui. Elle lui présente les vingt-quatre mystérieux vieillards dont nous parle l'Apocalypse, lesquels, voués aux chants sacrés, ont en main des harpes et des vases d'or pleins de parfums odorants, qui sont, nous dit l'auteur inspiré, les prières des saints. *Viginti quatuor seniores ceciderunt coram Agno, habentes singuli citharas et phialas aureas plenas odoramentorum quæ sunt orationes sanctorum.* Voyons donc quelles sont ces prières et continuons, dans ce but, d'interroger ce vitrail.

Il y en a du ciel et il y en a de la terre. Pour celles de la première catégorie, les anges n'y font pas défaut; en voilà tout un cercle dans les attitudes variées de la supplication, qui contournent la scène que nous venons de décrire. Puis dans les deux vides triangulaires situés de chaque côté au-dessous d'elle, nous voyons se grouper tous les saints qui sont nés ou se sont sanctifiés sur notre sol, ou qui protègent, en qualité de titulaires et de patrons, les paroisses de notre cité. Tous ceux-là prient en effet pour nous et sont notre appui près de Dieu.

Avec un regard attentif nous pourrons distinguer, dans cette foule, à leurs signes caractéristiques, d'une part, sainte Anne, sainte Magdeleine, saint Clair, saint Similien, nos deux martyrs nantais; puis saint Nicolas, saint Félix; de l'autre, saint Joseph, saint Pierre et saint Paul; saint Jacques, saint Clément, saint Pasquier, saint Hermeland, saint Vital. La pensée peut compléter le nombre de ces bienheureux et chers protecteurs que nous nous comptons au ciel, et maintenant voici les supplications de la terre.

Dans le petit triangle qui sépare les deux ogives sur lesquelles porte la rosace, nous apparaît le chef de la prière pour la famille diocésaine à laquelle nous appartenons, l'Évêque qui, les bras levés au ciel, semble nous en donner le signal et l'exemple. A sa suite, dans cette série de médaillons dont se remplit l'espace inférieur, viennent dans leur ordre tous ceux qui s'unissent à lui dans l'accomplissement de cette sainte et salutaire fonction.

Au sommet, à droite, le Chapitre, à gauche l'abbé de la Trappe et ses religieux, et dans le même mouvement en descendant, les curés revêtus de leur étole pastorale, les pères de la Compagnie de Jésus, — les missionnaires diocésains, les aumôniers et les professeurs; — les vicaires ayant sur le bras, prêts à s'en servir, l'étole, insigne du ministère actif, les séminaires, — les religieuses cloîtrées, carmélites, clarisses, ursulines, visitandines, les frères des écoles chrétiennes des diverses congrégations, — les religieuses non cloîtrées, les confrères de l'adoration nocturne, le peuple dans ses classes variées d'âge et de condition, d'un côté les hommes et de l'autre les femmes, et tout cela prie, et Marie s'emparant de tout ce faisceau de prières en fait un des arguments de la miséricorde auprès de la miséricorde de son Fils.

Et maintenant dans le vitrail du nord, à la rosace du sommet, nous voyons encore le Christ siégeant sur un tribunal, apparemment celui de sa justice, mais qui, grâces à Marie, va devenir, il faut l'espérer, le trône de sa clémence. — Marie donc est là aussi, introduisant devant son divin Fils la personnification de notre ville qu'on reconnaît aux couleurs et aux attributs qui lui sont propres, la couronne murale, le vaisseau d'or aux voiles d'hermines. Elle élève vers lui une coupe d'or chargée de joyaux et de richesses. Ce sont les œuvres de sa piété et de sa charité, qui sont devant Dieu son véritable trésor. — Or, voici le détail de ces œuvres; elles se déroulent dans le reste du tableau.

L'Évêque, assisté de ses vicaires, occupe encore ici la même place que dans le vitrail en regard de celui-ci. Il couvre de ses mains protectrices et bénit toutes ces semences du bien, leur conférant ainsi, avec la grâce de Dieu, la sève de vie et de fécondité. C'est, en première ligne, la construction des temples. Au-dessus des deux ogives intérieures, d'un côté se reproduisent quelques lignes des principaux monuments religieux dont notre cité s'est récemment embellie. De l'autre se dresse la façade de Notre-

Dame de la Salette, protestation éclatante de la piété locale contre le blasphème et la violation du dimanche. Puis. sous ces mêmes ogives, à droite d'abord, en descendant à mesure, voici, 1° l'œuvre des *Pauvres églises* qui pourvoit à la décence et même à l'éclat du culte, là où il reste aux charges de la misère et de son impuissance; 2° *les Missions*, celles du diocèse et surtout celles des contrées lointaines avec *la Propagation de la Foi* et *la Sainte Enfance*, où ces dernières trouvent leur aliment; 3° *les Crèches*, *les Asiles*, *les Orphelinats* qui suppléent pour la première enfance, à tous les soins empressés du dévouement maternel; 4° les *Ouvroirs*, où les jeunes filles se forment, loin des dangers du monde et sous les influences de la piété, au travail dont elles attendent leur existence ultérieure; 5° la société de *Saint-Vincent-de-Paul* soulageant, par l'aumône discrète et fraternelle, les nécessités du corps et répendant par les bonnes paroles, mais aussi par les cathéchismes et les instructions *de la Sainte Famille* la vie chrétienne dans ces âmes auquelles il faut plus qu'à d'autres peut-être la vertu et ses espérances. — Ses associés ont imposé à leur zèle une tâche de surcroît, c'est le patronage des *Ramoneurs* que nous offre le même médaillon; 6° la charité s'est aussi mise en devoir de protéger l'innocence et la vertu de l'adolescent vouées à tous les périls de l'âme dans les ateliers d'apprentissage, et dans les lieux offerts à ses récréations. Voici la société de *Toutes-Joies* et celle de *Saint-Joseph*. Elles viennent ici répondre à ces besoins; 7° enfin, nous apercevons sous le manteau tutélaire de l'auguste Vierge les *Enfants de Marie* et les *Filles de Bonne-Garde*, mettant à couvert sous cet abri les précieux intérêts de leurs consciences, pendant que les retraites qui renouvellent la vie chrétienne, viennent compléter tout ce système de salut.

A présent remontons à la tête de l'ogive collatérale pour retrouver notre suite en descendant de la même manière : 1° ce qui nous apparaît d'abord ce sont les cours gratuits fondés en faveur des militaires, où en cultivant les intelligences on peut atteindre les âmes; 2° les écoles de l'un et de l'autre sexe sont rappelées ici par les habits religieux des divers ordres voués à l'enseignement chrétien dans le diocèse; 3° nous apercevons une bibliothèque dont on distribue les volumes, c'est l'arsenal de guerre contre les entreprises de l'erreur et du vice. On peut nommer de suite l'œuvre des *Bons Livres* et celle de *saint François de Sales;* 4° voici les trois œuvres réparatrices de *saint François Régis*, régularisant les unions contraires à la loi de Dieu, — de *la Préservation* saisissant dans les occasions ou même sur la pente désastreuse du mal les jeunes âmes qu'il cherche ou qu'il commence à séduire, et enfin du *Refuge* accueillant avec empressement le repentir et la bonne volonté après les derniers écarts; 5° nous pouvons reconnaître dans ce groupe les costumes des différentes règles de religieuses consacrées au soin des malades, soit dans les hôpitaux, soit à domicile; 6° voilà les dames de *la Présentation* et *les Petites Sœurs des Pauvres* avec la famille de leur choix; 7° c'est l'asile de paix et de bien-être ouvert à la vieillesse du sacerdoce et à sa noble médiocrité après les rudes labeurs d'un ministère pénible et toute une vie de généreux sacrifices.

Que d'œuvres sont déjà venues depuis et viendront d'année en année s'ajouter à cette chaîne, sont venues et viendront fortifier indéfiniment ce dernier argument de Marie plaidant pour nous! Puissions-nous ne jamais manquer à cette sorte de compensation si nécessaire pour tant de provocations à la divine justice! Puisse Marie ne jamais manquer de ce moyen de défense dans la protection qu'elle donne à notre cause !......

CHAPITRE XVII.

Suite des vitraux du transept.

FENÊTRES SECONDAIRES.

Nous avons vu abondamment tout ce que Marie a fait pour nous. Qu'avons-nous à rechercher désormais si ce n'est les sentiments dont nous devons la payer en retour et que tant de bontés réclament ? Recueillons donc, pendant que nous sommes de ce côté, tout ce que le champ où nous moissonnons nous donne à recueillir en ce genre.

Dans les deux vitraux traités en grisailles, reviennent quelques particularités de l'apparition, détails à peine remarqués dans l'exposé d'ensemble et qui se recommandent maintenant un à un à l'attention moins partagée pour solliciter nos réflexions. — Ici donc c'est la représentation du divin crucifié telles que les témoins l'ont vue briller sur la poitrine de Marie. Là ce sont les larmes maternelles que les yeux de la tendre médiatrice ont répandues par torrents à notre sujet. Lisez maintenant l'inscription qui accompagne ces images. — *Le souvenir de la passion de Jésus! Les larmes abondantes de Mar...*

notre mère! Chrétiens, que vous faut-il de plus pour toucher et pour convertir vos cœurs?

Plus loin, voilà le marteau qui pendait au bras droit de la croix, et auprès, les tenailles qui étaient attachées à la gauche ; lisez encore : *Marie du haut du ciel vous propose un choix à faire. — Ou crucifier de nouveau Jésus par vos péchés* (côté du marteau), *ou l'arracher au supplice renouvelé de sa croix par votre retour.* (Côté des tenailles.)

Chrétiens, qu'allez-vous choisir? Pendant que vous réfléchissez, la petite fenêtre de la chapelle du groupe s'offre tout émaillée de fleurs, réminiscences de celles dont Marie avait fait sa parure comme pour nous attirer à elle par la suavité de leur odeur et la beauté de leur éclat.

On a pu dire alors en effet, comme nous pouvons le lire ici : *Flores apparuerunt in terrâ nostrâ.* « Des fleurs extraordinaires ont apparu dans notre contrée. » Mais on a pu le dire surtout quand, à la suite de l'événement, s'est produite cette merveilleuse efflorescence de toutes les vertus chrétiennes dans les lieux que Marie avait visités à la place de tant d'indifférence et d'oubli de Dieu qui désolaient cette terre. — On pourra le dire toujours partout où les oracles de Marie auront atteint et changé les cœurs.

C'est le sens qu'elle semble relever elle-même dans ce symbole par ces paroles que la liturgie lui prête et qui se reproduisent autour de cette tige si richement couronnée au sommet de laquelle s'ouvre brillante entre toutes cette rose marquée de l'initiale de Marie : *Flores mei fructus honoris et honestatis.* Mes fleurs à moi, c'est-à-dire ce dont je me fais gloire comme on peut se faire gloire des fleurs dont on emprunte l'éclat pour s'embellir, ce qui me fait jouir comme peut jouir l'odorat lorsqu'il respire un air embaumé, ce que j'aime en moi, ce qui me ravit dans ceux qui me sont chers, c'est cet épanouissement de la vertu qui est le véritable honneur. Disons-lui donc, en réponse à cet appel : *Curremus in odorem.* Nous sentons le charme des divins parfums qui s'exhalent de votre âme, nous sommes éblouis de la splendeur de votre beauté, nous allons nous attacher à vos pas et courir sur vos traces pour nous rapprocher de vous. Nous allons nous efforcer de devenir semblables à vous. *Curremus in odorem.*

Si Marie a pu nous entraîner ainsi dans ses voies, il sera vrai de dire aussi, comme dans le vitrail qui domine de ce côté la porte de la sacristie où, à propos de cette porte, elle se présente à nos yeux ouvrant pour nous la porte du ciel : *Portæ paradisi per te nobis apertæ sunt.* « Les portes du paradis nous ont été ouvertes par vous. » (Antienne de l'office de l'Assomption.)

En fait de vitraux, il ne nous reste plus à étudier que les correspondants de ces derniers dans l'autre transept. En les visitant dans le même ordre, ce sont les fenêtres-grisailles que nous rencontrons les premières, nous offrant dans quatre médaillons les quatre principaux traits par lesquels débute l'histoire bien neuve encore de notre monument.

Et d'abord, c'était au mois de décembre de l'année 1851. Les élèves avaient été renvoyés en vacances par mesure de sûreté, à l'occasion d'une épidémie qui avait fait de bien regrettables victimes et menaçait d'en faire de nouvelles. — Dans les mêmes jours la maison avait reçu l'image de Marie apparaissant aux deux enfants de la Salette, celle qu'on vénère maintenant ici. — On l'avait déposée provisoirement dans la chapelle de la congrégation où les fidèles devaient la visiter longtemps avant le nouvel ordre de choses. — Un jour M. le supérieur et les professeurs rassemblés pour le repas du soir s'entretinrent du désir qu'ils ressentaient tous de voir s'élever sur le terrain du séminaire un monument digne de l'auguste Vierge et de ses derniers dévouements pour les hommes et où la piété pût rencontrer de puissantes excitations et d'attrayantes jouissances. — Mais comment réaliser les ressources nécessaires à une telle entreprise? Et que de difficultés du reste à prévoir! Il est clair pour chacun qu'il faut que Dieu s'en mêle manifestement et on conclut à l'unanimité qu'à l'instant même on va aller frapper à la porte de ce riche qui tient dans ses mains toutes les fortunes et tous les cœurs des riches de ce monde, à la porte de ce puissant qui ne connaît point d'obstacle invincible. Et en effet tous les membres de cette réunion qui étaient au nombre de neuf se rendirent aussitôt aux pieds de la statue de Marie pour recommander ce vœu à son agrément et à son intercession. Tel est le sujet du premier médaillon.

La prière avait été exaucée. Marie avait en effet agréé la pensée d'un sanctuaire érigé à la souveraine majesté en mémoire de son divin message et en réparation de tant d'outrages faits à ce Dieu méconnu. Des grâces merveilleuses vinrent appeler l'attention sur le lieu de son choix en y faisant sentir sa présence. Les foules en apprirent le chemin. Les pèlerinages s'y multiplièrent et, sous l'inspiration de la foi émue des oracles terribles qui lui étaient adressés, il s'en fit même dans des conditions touchantes qui méritent d'être signalées. C'est ainsi qu'au mois de février, par le temps froid de la saison on vit à quatre heures du matin, arriver, pieds nus, du milieu de la ville, quarante personnes dont le but dans cette démarche humble et pénitente était de détourner les fléaux de la colère divine et d'expier les fautes qui l'irritaient. — Dieu ne voulut pas rester en arrière. Les faveurs extraordinaires, ou pour parler comme la voix publique, miraculeuses devinrent de plus en plus abondantes. On en vint à regretter et l'humble apparence du local et l'étroitesse de son enceinte. Des paroles se firent entendre pour réclamer un autre sanctuaire et le réclamer à la fois beau et vaste. — Dans la fermentation de cette idée, pendant l'été qui suivit, chaque soir à l'heure du crépuscule, une charrette chargée de matériaux, traînée et poussée par des bras d'hommes et de femmes se présentait à la porte du séminaire. C'étaient les prémices de ces pierres qui, plus tard devaient s'élever en pieux édifice et former cette sainte demeure. C'est ce dernier fait que représente le second médaillon.

Après avoir temporisé autant que l'exigeait la prudence, l'autorité diocésaine prit en considération ce religieux mouvement et lui fit droit en permettant à qui il appartenait de songer à cette œuvre. Les sommes s'accumulèrent, témoignages de foi et de dévouement à Marie et souvent de reconnaissance pour d'importants bienfaits reçus. Les plans se dessinèrent et purent être acceptés et signés de Monseigneur Jaquemet, le 25 juillet 1853. Immédiatement on jeta les fondations et le 2 juillet de l'année suivante on était en mesure de bénir la première pierre. Cette cérémonie fut faite par Monseigneur Martin, évêque de Natchitoche, en passage dans notre ville. C'est le sujet du troisième médaillon.

L'œuvre a grandi depuis et atteint ses derniers développements, sinon la dernière perfection de ses formes et de son aspect. Le nouveau sanctuaire fut ouvert au culte le 19 septembre 1860. Le reste de son histoire appartient à l'avenir. Mais dans cet avenir, il nous est permis de prévoir un jour digne de mémoire pour notre monument, c'est celui de sa consécration, et c'est là ce qu'offre, par anticipation, le quatrième et dernier médaillon.

Plus que deux fenêtres à remarquer. Voilà d'abord celle de la chapelle dédiée à nos deux jeunes héros, la première gloire chrétienne de notre ville. — Tout en nous les rappelant par les enlacements de palmes et de couronnes, n'est-il pas convenable qu'elle prenne la teinte locale et que dans un temple à Marie, elle nous en présente le souvenir. Marie, du reste, a des affinités particulières avec les martyrs. Elle en est la reine, ainsi que l'Église le proclame. Elle a donc bien droit de figurer, en cette qualité, dans un lieu qui consacre d'ailleurs la mémoire de cette situation douloureuse et pleine de larmes où elle a voulu apparaître. Or, son symbole, à ce titre, c'est son cœur percé de sept glaives. Nous pouvons le contempler ici entouré de cette invocation pleine d'à-propos : *Regina martyrum, ora pro nobis.*

Dans l'autre fenêtre qui est celle du couloir, ouverte au-dessus de la porte qui le termine, c'est encore Marie frappant à la porte de nos cœurs par toutes les circonstances attendrissantes de sa bienfaisante intervention : *Ecce sto ad ostium et pulso.* « Voilà que je me tiens à la porte et que je frappe. »

— M'entendez-vous? semble-t-elle ajouter, m'ouvrirez-vous dans l'intérêt de votre salut? Chercherez-vous à apaiser la justice de mon fils?

Hâtons-nous donc d'ouvrir notre âme à la grâce et de nous pénétrer de respect et de docilité pour cette loi de Dieu à laquelle Marie nous engage de nous soumettre, et méditons-en de nouveau les commandements. Nous achevons ici l'étude des vitraux.

CHAPITRE XVIII.

Sanctum et terribile nomen ejus.

La sculpture et la peinture proprement dites ont également ici leur enseignement. Il nous sera difficile, il est vrai, de faire pour chacune d'elles un article aussi spécial et aussi parfaitement tranché que pour les œuvres dont nous venons de nous occuper, car, si parfois elles y ont un rôle indépendant, le plus souvent elles viendront figurer simplement comme principes d'ornement et de signification dans un objet principal de nature différente et même s'y combiner dans ce double but, — et dès lors le moyen de réunir sous des titres séparés la part de l'une et celle de l'autre? — Il devient donc nécessaire, pour diriger plus loin notre marche, de nous attacher à un autre ordre, par exemple à celui qui résulte, pour les parties qu'elles relèvent dans l'édifice, de l'importance relative de ces parties et, pour les meubles qu'on y rencontre, du rang que leur assignent dans l'usage les besoins spirituels auxquels ils répondent. A ce compte, c'est bien au sanctuaire que doit s'adresser notre première attention, et pourtant l'énoncé du chapitre nous recommande d'abord un autre objet.

Sanctum et terribile nomen ejus. « Son nom est saint et terrible. » C'est l'inscription que nous lisons sur la grande clef de voûte du transept et c'est en même temps la pensée génératrice de l'édifice tout entier.

C'est en effet au cri d'alarme jeté du haut du ciel, à propos surtout du nom de Dieu outragé, que la piété s'est émue et qu'elle s'est mise en devoir de rappeler aux hommes cette vérité trop oubliée : *Sanctum et terribile nomen ejus.* Et c'est vrai que ce nom auguste est outragé.

Il l'est par ceux qui ne s'inquiètent pas de savoir si ce mot de toute langue humaine a un sens, — si ce sens les regarde et quel il peut être ; — par ceux qui nient que ce nom signifie quelque chose, et par ceux qui lui font signifier tout autre chose que Dieu lui-même, qui disent que *Dieu* c'est cet ensemble des êtres qu'on appelle la nature ou l'univers, et dont nous sommes ; — par ceux qui ne le reconnaissent pas pour la perfection infinie, lui prêtent toutes les manières de voir et d'agir qui procèdent de nos passions et de nos vices, et le soumettent à tous les blâmes qui ne peuvent aller qu'à nos défauts, à nos erreurs et à nos fautes, — par ceux enfin qui poussent la démence jusqu'à dire que c'est *le mal.*

Ce nom est outragé par ceux qui le refusent à Jésus-Christ, fils de Dieu, dans lequel ils ne voient, selon leur expression, qu'un *mythe*, c'est-à-dire une existence légendaire et aux trois quarts supposée, mais toujours un homme, un génie toutefois, bienfaisant selon les uns, selon d'autres malfaisant et ennemi juré de toutes nos aspirations les plus natives et du bonheur pour lequel nous nous sentons faits.

Il est outragé par ceux qui dédaignent tout ce qui est enseigné et commandé sous sa raison, — par ceux qui le prononcent en se jouant, avec toutes les marques de l'insouciance et du mépris, ou qui le profèrent avec les accents de la colère et tous les signes de la haine et de l'exécration.

Il est outragé par ceux qui ne l'invoquent pas, par ceux qui l'invoquent mal, par ceux qui l'invoquent hypocritement, par ceux qui l'appellent en témoignage du mensonge et du parjure, par ceux qui le défient.

Voilà, en effet, ce que l'audace humaine ose contre le nom de Dieu. Jamais elle n'a manqué à le déshonorer. Mais de nos jours elle enchérit sur toutes ses révoltes et ses témérités passées. — La parole ne suffit pas à ce besoin infernal qu'elle éprouve de salir ce nom. Elle a recours à l'écriture qui perpétue, à la presse qui multiplie sans fin les manifestations de son impiété et lui permet de l'étendre sur toute la surface du monde, on dirait qu'elle veut en remplir le temps et l'espace, et chacun de ces blasphèmes, dont plusieurs appartiennent en propre à notre malheureuse époque, fournit dans l'énormité de son désordre, l'énormité d'un chiffre effrayant à penser dans le contingent des insultes dirigées journellement contre Dieu.

Que faire en présence de ce mal dont le ciel s'est plaint? — Ah! sans doute dans l'intérêt de l'honneur de Dieu, nous devons d'abord affirmer énergiquement et hautement ce que ces hommes nient, et nier ce qu'ils affirment, et c'est dans ce but que s'est élevé ce monument de foi et d'amour et que le nom divin vient s'y retracer sur cette pierre capitale, s'il en est une, sur cette clef centrale la plus remarquable, qui maintiendrait et commanderait tout dans l'édifice, si la solidité de tout un édifice pouvait dépendre d'une seule pierre.

Ce nom, c'est celui de Jésus, sauveur des hommes, car, qui a nommé le Fils de Dieu a nommé son Père et l'Amour qui les unit. — Il se détache sur le nimbe crucifère qui, dans les traditions de l'art chrétien, est l'emblème de la gloire exclusivement divine.

Et c'est ce nom qui est *saint et terrible* : SANCTUM ET TERRIBILE NOMEN EJUS. — Il est *saint*, parce que c'est le nom de l'infiniment vrai, de l'infiniment juste, de l'infiniment sage, de l'infiniment bon, en un mot de l'infiniment parfait. — Voilà pourquoi les anges l'environnent, l'exaltent et l'adorent.

Il est *terrible*, car c'est le nom de notre maître, de notre juge, du tout-puissant qui a dans ce monde à ses ordres la foudre et tous les fléaux connus et possibles, et au service de ses dernières vengeances les flammes dévorantes et inextinguibles et tous les tourments de l'éternité.

Cette vérité est donc gravée là. Elle y est visible et attend tous ceux qui viennent ici pour les mettre à même d'y penser et de faire à cette occasion un retour sur eux-mêmes. — Puissiez-vous, ô hommes, comprendre votre erreur, votre injustice et votre désordre, ô vous qui ne savez pas respecter ce nom !..... — Mais puissiez-vous comprendre votre danger !...

Et ce détail important devient ainsi comme le frontispice du sanctuaire où celui qui porte ce nom se présente à notre foi, à notre respect, à notre amour à notre obéissance. Oui, à *notre obéissance*; car si son nom est offensé, sa volonté est méconnue. C'est encore un des reproches qui nous sont venus du ciel et dont nous pouvons, hélas! constater de nos yeux la vérité. C'est donc là encore un objet sur lequel il faut appeler l'attention du chrétien oublieux de ses devoirs, et voilà pourquoi ce Dieu va s'offrir dans ce lieu de sa résidence au milieu de ses commandements qui font cercle autour de l'autel, et pour ainsi dire cortége au maître qui y demeure et qu'on y adore.

CHAPITRE XIX.

Statues du sanctuaire.

Nous comptons, en effet, autour du sanctuaire un nombre de dix figures, — ce sont des anges. Ministres fidèles et rapides des volontés du grand roi, ils nous prêchent de leur nature la prompte et parfaite soumission à ses ordres. — Ne sont-ils pas bien choisis, dès lors, pour nous présenter le texte du *Décalogue*. En le déroulant à nos yeux sur les banderolles que nous voyons entre leurs mains chacun d'eux rend sensible, par le geste et l'attribut qu'il supporte, la signification du précepte qu'il recommande. — C'est du côté de l'Évangile que nous allons trouver notre point de départ :

1° *Un seul Dieu tu adoreras et aimeras parfaitement.*

L'ange qui nous donne à lire ce premier article de la loi divine a l'œil attaché au ciel, où il nous invite à chercher, par la foi, l'unique objet qui doit fixer le nôtre. — Pourrions-nous trouver cet objet ailleurs? sur la terre, par exemple?.... A moins que lui-même ne descende de son séjour propre pour venir habiter parmi nous. En dehors de lui, qu'aurions-nous à rencontrer sur cette terre autre chose que de vaines et fragiles idoles ? — C'est donc là, c'est au ciel que doivent aller toutes nos adorations, toutes nos espérances et tout notre amour. C'est là que nous devons adresser notre encens qui symbolise toutes ces choses. Ce mystérieux hommage réservé à Dieu nous est rappelé par l'instrument consacré à ce rite, par ce vase dans lequel la matière odorante se consume, et d'où elle s'évapore en montant vers les cieux, image saisissante de l'humble foi qui ne se trouve à l'aise devant Dieu que dans l'anéantissement de son être, de l'ardente charité qui ne se croit acquittée envers lui qu'en se sacrifiant tout entière à sa gloire, de ces aspirations qui l'appellent et l'attendent comme le principe nécessaire de tout bien moral, comme le bien suprême.

2° Vient le second précepte : *Dieu en vain tu ne jureras ni autre chose pareillement.*

Nous reconnaissons ici cette même représentation qui a déjà attiré nos regards dans la voûte du transept, si nous comprenons l'intention de la figure qui nous la présente, c'est évidemment à notre piété qu'elle est offerte. — Ce Nom de Dieu, du Dieu seul adorable, peut-il lui-même ne l'être pas ? —

S'il est adorable, en effet, peut-il être permis de s'en jouer? Tout ce qui sera abus de ce Nom ne sera-ce pas un crime? — Quand il s'agira de donner à la parole humaine sa plus haute puissance d'affirmation, son dernier caractère de crédibilité, pourra-t-on faire appel à ce Nom autrement que dans les dispositions sérieuses dans lesquelles tout acte religieux doit s'accomplir? — Pourra-t-on mettre sous sa garantie le déshonneur et l'injustice, l'imposture et la tromperie? — Pourra-t-on, sans sacrilége, briser un engagement qui en est scellé pour ainsi dire? — Tout ce qui relève de ce Nom ne sera-t-il pas par là même sacré comme lui? Pourra-t-on y chercher un appui pour l'affirmation de ce qui est faux, pour une promesse illusoire et mensongère?

3° Les dimanches tu garderas en servant Dieu dévotement.

Nous remarquons ici un emblème dont le sens, énigmatique à première vue, s'illumine aussitôt pour peu qu'on s'y arrête. — C'est un cercle sur le contour duquel s'en distribuent sept autres moindres. Chacun d'eux porte inscrit le nom d'un des jours dont se compose *la semaine*, ce cercle dans lequel roule continuellement notre existence et s'accomplit notre vie. — Un doigt indicateur nous signale le nom qui occupe le point le plus élevé. Il est écrit en lettres d'or tandis que les autres se produisent dans les conditions d'un éclat plus modeste. Il s'agit manifestement d'un jour remarquable entre tous. «C'est le jour que le Seigneur a fait» : *Hæc Dies quam fecit Dominus*, le jour qu'il s'est réservé. Et par le fait, la croix le domine et le consacre par là même, car c'est là le signe de la possession divine. Il appartient à Dieu. Il doit être employé directement à son service dans lequel du reste, par une merveilleuse industrie de sa bonté, nous trouverons nous-mêmes notre repos.

4° Et maintenant : *Tes père et mère honoreras afin de vivre longuement.*

Ah! sans doute vous que Dieu s'est associés dans l'œuvre créatrice, dans la dignité d'auteur et dans le pouvoir si saint qui en découle, soyez respectables, soyez bons pour vos enfants, comme il l'est pour ses créatures. Aspirez même à être des titres d'honneur pour ceux qui dépendent de vous. Que ce nom que vous leur léguerez porte avec lui tous les souvenirs, toutes les pensées, tous les conseils de la vertu, toutes les considérations dont elle s'environne. Qu'ils puissent se glorifier du père et de la mère dont ils sont nés, comme les rejetons des nobles races peuvent se glorifier du blason dont ils héritent.

Mais vous, enfants, de quel respect ne devez-vous pas être pénétrés toujours pour ces deux existences étroitement unies, source majestueuse et bénie dont est sortie la vôtre et dont sont sorties pour vous avec elle tous les biens dont elle se compose et tous ceux dont elle peut s'améliorer sur la terre et jusque dans l'éternité. Voilà ce que veulent nous dire ces deux écussons en alliance où nous lisons en caractères d'or suivis du signe qui exprime la religieuse admiration, ces deux noms les plus doux et les plus chers parmi les noms d'ici-bas que la langue humaine puisse prononcer : *Ton Père!... ta Mère!...* C'est comme si l'on vous disait : Voilà ta gloire. A ton tour couronne-les d'honneur, comme tu les vois couronnés ici.

Mais tous ceux qui remplissent dans quelque degré les charges de la paternité et suppléent à ses absences et à ses devoirs, n'ont-ils pas dans une mesure proportionnée droit à ses priviléges? — Et ceux qui, successeurs dans la suite des générations de ce père qui gouverna la première famille, sont pour les peuples ce qu'il était pour son heureuse postérité, et ceux surtout qui, investis de la sainte autorité du Christ, ont été envoyés par lui au milieu des nations pour en être écoutés et obéis comme il avait droit d'en être écouté et obéi lui-même et pour faire ainsi de chacun des hommes autant d'enfants de Dieu et leur procurer la vie de l'âme et de l'éternité, n'ont-ils rien à recueillir dans cette moisson d'affectueux respects? On devine déjà ce que signifient ce sceptre et ce bâton pastoral, embrassés avec l'empressement et l'effusion de l'amour.

D'un côté donc, dans les relations de supérieurs à inférieurs tout se résume dans la paternité. — Tout en retour doit se résumer de l'autre dans la piété filiale. Et puisque c'est l'idée de la famille qui absorbe tout ici, s'il s'agit encore des rapports mutuels de ceux qui partagent ensemble une même condition d'obéissance, il n'y a donc plus pour en donner la règle et la perfection que la fraternité avec son union et ses dévouements réciproques. Ainsi doit-il en être pour que se réalise la loi sublime donnée par l'Évangile à l'humanité tout entière : *Aimez-vous les uns les autres.*

5° La statue suivante, cuirassée comme un guerrier invulnérable qui peut frapper sans crainte d'être frappé lui-même, foule aux pieds, comprime de la main de justice dont elle est armée, et se dispose à punir avec l'épée de la peine du talion un meurtrier égorgeant sa victime. C'est la traduction en acte de cette prohibition que nous lisons ici : *Homicide point ne seras de fait ni volontairement.*

6° Puis nous trouvons réuni dans un même sujet, tout ce qu'il y a de *virginal* et d'*angélique.* — C'est bien un être céleste. Ses ailes disent assez qu'il n'est pas de la terre, qu'il est fait pour s'élever dans les hautes régions, pour y planer et pour y vivre. — Et en même temps, ce voile et tous les autres détails de ce costume si pudique dont l'Église revêt les chastes épouses de son Dieu, ce lys qu'il presse sur sa poitrine témoignent que toutes les affections et les vœux de son cœur sont pour la noble et ravissante pureté et qu'il redoute même les simples regards de la convoitise : c'est à lui de nous dire : *Luxurieux point ne seras de corps ni de consentement.*

7° Plus loin l'observation s'arrête tout d'abord à cette balance, instrument et emblème de la justice. C'est qu'en effet la balance, arbitre de deux intérêts à la fois, dans sa situation normale, c'est-à-dire dans le parfait niveau de sa règle, donne à chacun ce qui lui revient. — Ainsi doit-il en être de la conscience humaine. Elle doit faire à chacun sa juste part. Si l'un des plateaux de la balance se charge plus qu'il ne doit, il descend rapidement et ne peut se relever qu'en abandonnant ce qui excède sa mesure. — Ainsi, malheur à qui s'enrichit aux dépens des autres. Il fait par là même une lourde chute et peut descendre jusqu'aux abîmes, à moins qu'il ne rende ce qui n'est pas de son droit. — Donc : *Biens d'autrui tu ne prendras ni retiendras à ton escient.*

8° *Faux témoignage ne diras, ni mentiras aucunement.* Voilà une main levée ; c'est le geste du serment. Mais il faut que ce qu'elle atteste au dehors soit dans le cœur, et voilà pourquoi l'autre main vient indiquer du doigt ce siège de la conscience, cette source de la sincérité.

9° *L'œuvre de chair ne désireras qu'en mariage seulement.* Ici se produit l'*anneau* qui symbolise l'union sacramentelle, base première et seule légitime de la famille chrétienne. —Dans le médaillon qui l'accompagne et en complète la signification, nous remarquons deux mains dont l'une passe au doigt de l'autre ce signe traditionnel du contrat solennel dont il s'agit ici, pendant qu'une main céleste, entourée du nimbe divin, bénit l'alliance qui se conclut sous les effusions de sa grâce.

Enfin le dixième commandement vient clore cette série : *Les biens d'autrui ne convoiteras pour les avoir injustement.*

Ces biens qui ne sont pas les nôtres et qu'il ne faut pas même désirer d'obtenir par voie irrégulière, c'est tout ce qui représente le droit du prochain. — Vous avez déjà remarqué ce grand écusson sur lequel s'appuie d'une main notre dernière figure. — Dans le champ de cet écusson, vous reconnaissez différents objets et la pensée peut à leur propos en évoquer ici une foule d'autres qui fournissent matière à la possession. Quels que soient ces objets légitimement possédés, ils sont sous la garde de Dieu. Aussi voyons-nous la croix s'étendre sur tout cela et en faire quelque chose d'inviolable et de sacré. —

Ce sont des couronnes plus ou moins fleuronnées, insignes des grandes royautés ou des souverainetés moins brillantes; c'est une maison; c'est un parc qui renferme peut-être la vigne de Nabot; c'est un coffre-fort; ce sont des pièces de monnaie, qu'importe? — Ne convoitez pas dans l'injustice.

La clef qui suppose, mais régulièrement établit et démontre la possession, cette clef véritable qui se fait voir au grand jour, et n'a pas besoin d'être cachée comme la fausse clef, n'est pas uniquement comme elle un simple instrument pour l'usage qu'on peut en faire, mais à raison du travail précieux qui en relève la forme a toute l'importance d'un *insigne*, — cette clef qui n'ouvre que pour le maître, c'est elle seule qui doit vous ouvrir les portes par lesquelles vous voulez entrer. Ne songez ni à d'autres clefs que la clef légitime, ni à d'autres moyens.

CHAPITRE XX.

Peintures du Sanctuaire.

Ici encore, restaient à orner des vides considérables, et il était facile d'y reconnaître, à première vue, une place revendiquée par la peinture. Dix arcades, en effet, se présentent au-dessous de cette couronne de statues qui viennent de nous recommander le *Décalogue.* Quel sujet pouvait logiquement y faire suite et continuer pour la pensée, la route où elle est engagée ?

Le *Décalogue*, c'est le sentier de l'âme pour atteindre sa destinée ; c'est, en effet, en se conformant à ses règles qu'elle fera le bien exigé d'elle, et qu'elle en obtiendra la récompense. Mais que de choses concourent à ce chemin et au voyage qui doit s'y accomplir ! Quel riche thème dès lors à développer pour l'esprit qui médite ! Quelles ressources pour l'art qui décore ! Ici donc auraient à se produire, sur des fonds d'or, toute une série nouvelle de personnifications, formant dans leur succession continue ce *Chemin de l'Ame.* Pendant qu'elles se font reconnaître à certains signes déjà consacrés par l'usage ou justifiés du moins par leur sens naturel et l'à-propos, à ce point de vue, de l'application qui leur en est faite, elles offrent à l'art une occasion de réaliser, pour la satisfaction de l'œil et celle de l'imagination, tous les charmes chrétiens de la forme, de l'expression et du mouvement. Nous les retrouverons dans leur ordre, en procédant de gauche à droite, comme pour les commandements.

Ce serait donc d'abord, la *Loi*, source du devoir dont elle nous trace la ligne inflexible, nous défendant d'ailleurs ce qui est mal. Ce serait ensuite la *Grâce*, qui, devant cette tâche déjà trop forte pour notre volonté affaiblie, et aussi, devant les aspirations plus élevées encore que le devoir, soulève notre nature, la porte jusqu'à la hauteur de ce devoir tout entier, bien plus, jusqu'à la hauteur de l'héroïsme chrétien, de la sainteté, et en retour de la félicité divine. A nous maintenant, de nous attacher à ce qui conduit à ce but, et de nous détourner de ce qui en éloigne. — C'est l'*Amour du bien*, c'est la *Haine du mal*.

L'âme peut s'attacher au bien dans deux conditions, par le seul attrait qu'elle y trouve lorsque le mal lui est encore inconnu, c'est l'*Innocence;* par le choix énergique entre le bien et le mal, lorsqu'ayant déjà la science de l'un et de l'autre, elle prend parti pour l'un et se déclare contre l'autre, déterminée à toutes les luttes, c'est la *Vertu*.

Or, deux choses sont la vie de la vertu, la *Crainte*

du péché, et pour peu qu'elle en ait subi les atteintes, le *Repentir amer* qu'elle en ressent. Et maintenant, s'il s'agit pour elle, de se soutenir à l'œuvre, quelles sont ses sécurités?

C'est d'abord, la *Prudence* pour éviter les occasions; c'est la *Force* pour combattre à outrance, quand la rencontre s'est faite avec l'ennemi, c'est-à-dire, quant la tentation est venue; la *Vigilance* qui a sans cesse l'œil ouvert pour ne pas se laisser surprendre; la *Prière* avec laquelle on implore le secours d'en haut; la *Mortification* par laquelle on affaiblit la puissance des sens; la *Communion*, où l'âme se retrempe dans la vertu divine.

Mais la clef de tout cela, c'est la *Foi* qui éclaire pour nous les réalités de ce monde invisible; c'est l'*Espérance* qui nous met à toute heure en présence du dernier avenir, et nous y fait aspirer de toutes nos puissances; c'est la *Charité* qui est la consommation de la Justice, nous fait aimer par-dessus tout et uniquement l'objet du bonheur que nous espérons, nous allège les sacrifices qu'il nous faut faire pour l'atteindre, et nous devient, dans l'éternité, le sentiment ineffable de la félicité.

Quel motif pour nous, d'entrer résolûment dans cette voie, de nous y tenir fermes et d'y persévérer jusqu'au bout! *Résolution* donc de se sauver, *Constance* à poursuivre ce but et *Persévérance finale*.

Et maintenant de quelle manière l'art du peintre

pourra-t-il traduire en formes sensibles ces choses qui évidemment n'appartiennent qu'aux régions de l'abstraction pure ?

La *Loi* donc, dont la tête couronnée nous apparaît dans un cercle d'azur semé d'étoiles, parce qu'en effet toute autorité qui s'impose ici-bas, ne peut le faire avec droit qu'autant qu'elle découle en principe de celui qui règne dans les cieux, porte en main le sceptre qui commande et le frein qui réprime.

La *Grâce* soutient un enfant, figure de l'humanité amoindrie. Elle supplée au défaut de sa taille, en lui faisant perdre terre, la met ainsi de niveau avec la Loi, et lui permet d'atteindre jusqu'à cet ange qui du ciel lui tend les bras et d'en recevoir le baiser fraternel.

L'Amour du bien porte au front une brillante étoile, c'est le signe des enfants de la lumière, du nombre desquels il se proclame en s'appliquant cette parole de saint Paul : *Filii diei sumus.* « Nous sommes les enfants du jour. » Il embrasse l'Évangile avec ardeur.

La *Haine du mal* repousse avec horreur un démon qui lui souffle à l'oreille ce que peut insinuer l'Enfer, et elle rappelle qu'elle n'a rien de commun avec lui, en continuant le texte précédent : *Non sumus noctis neque tenebrarum.* « Nous ne sommes pas de la nuit ni des ténèbres. »

Voici maintenant une figure revêtue d'une robe

sans tache et caressant une colombe éclatante de blancheur ; c'est l'*Innocence*. En voilà une autre couverte d'une cuirasse et armée du bouclier et de la lance ; c'est la *Vertu* qui s'offre prête à la lutte où il faut se défendre et attaquer au besoin.

Puis vient la *Crainte du péché*. Elle montre un dragon qui se dresse menaçant et elle lève ses regards effrayés vers le ciel, en y adressant cette prière de la liturgie : *Ab omni peccato, libera nos, Domine*. « De tout péché délivrez-nous, Seigneur. » Le *Repentir* à sa suite se frappe la poitrine avec un sentiment d'inconsolable douleur, en répétant ce mot d'un roi pénitent : *Et peccatum meum contrà me est semper*. « Et mon péché est toujours devant moi. »

La *Prudence* se présente à son tour. Elle a pour attributs le flambeau avec lequel dans les ténèbres on éclaire devant soi la route et le gouvernail qui dirige la barque à travers les écueils.

Puis voilà la *Force* qui porte en ses mains une citadelle ; — la *Vigilance* avec cette lampe qui veille lorsque tout dort ; — la *Prière*, qui pousse vers Dieu ce cri de la détresse : *Domine, ad adjuvandum me festina*. « Seigneur, hâtez-vous de me secourir. » — La *Mortification* montre une discipline, instrument des saintes rigueurs qu'elle exerce sur elle-même. — La *Communion* offre naturellement le pain mystérieux dont elle alimente les âmes et les engage à s'en nourrir en leur adressant ces paroles prononcées jadis pour le prophète Elie : *Surge et comede, grandis enim tibi restat via.* « Levez-vous et mangez, car il vous reste encore à faire une longue route. »

Nous arrivons à la *Foi*. Appuyée sur la pierre angulaire de l'Église, elle contemple à travers un voile qui lui couvre les yeux, la croix et tous les mystères qui s'y rattachent en formulant son témoignage dans ce mot unique : *Credo.* « Je crois. » Pendant ce temps, l'*Espérance* a le regard attaché sur une couronne céleste qu'elle semble appeler de tous ses vœux et foule aux pieds les choses mortelles, tout ce qu'il faut laisser sur le bord de la tombe ; la *Charité* presse la croix sur son cœur, c'est l'amour de Dieu. Elle couvre un enfant de son manteau et en réchauffe un autre dans ses bras, c'est l'amour de l'humanité ; et, pour faire comprendre que tous les sacrifices lui sont légers, elle recommande à l'attention cette devise : *Ubi amatur non laboratur.* « Là où est l'amour, la fatigue est inconnue. »

Puis voici la *Résolution* qui a pris le bâton du voyage en disant : *Dixi nunc cœpi.* « J'ai dit, je me mets à l'œuvre. » La *Constance* qui va soutenir sa marche a pour emblème un rocher inébranlable que les vagues battent inutilement de tous côtés. — La *Persévérance finale* indique le terme suprême et recommande ici le conseil de l'Apôtre : *Sic currite ut comprehendatis.* « Courez de manière à parvenir au but. »

CHAPITRE XXI.

Le grand autel.

Nous arrivons à l'autel. Il se dresse au centre de tout cet enseignement moral qui s'offre ici comme un rappel au devoir. Il s'y dresse comme pour donner à la loi par la présence du Dieu qui en est l'auteur et auquel il sert d'asile, une nouvelle sanction, mais en même temps comme pour le remercier de tant de lumières si bienfaisantes envoyées du ciel, comme pour expier les résistances qui les accueillent et les crimes qui y répondent, comme pour demander les secours divins qui domptent les mauvais penchants et les mauvais vouloirs, suscitent dans les cœurs les résolutions du bien et donnent les succès de la vertu.

L'autel donc, c'est là l'objet que nous allons étudier maintenant et à la suite de cet autel principal, il sera tout naturel de porter notre attention sur les deux autres meubles analogues dont la composition appartient aux mêmes données.

En général un autel porte avec lui quatre pensées. La première est celle du sacrifice. Elle se rattache au corps du monument, à cette partie que domine la table sur laquelle ce rite auguste s'accomplit.

Puis viennent à la fois celles de la *présence réelle* et de *la communion*. Elles nous sont rappelées par le tabernacle où l'Homme-Dieu réside pour y recevoir nos adorations et pour être l'aliment de nos âmes, et enfin la dernière est celle du *Vocable*. Elle nous est recommandée d'ordinaire par le rétable ou autres accessoires qui forment un fond d'appui ou de perspective à l'autel. N'était-ce pas dans ces sources mêmes qu'il convenait d'aller puiser les idées destinées à en animer et à en *spiritualiser* la décoration en les ajustant aux parties auxquelles elles correspondent ?

Pour l'autel qui nous occupe d'abord et qui est isolé, le rétable fait défaut. Nous avons déjà pris connaissance de ce qui, au point de vue de la signification, en tient lieu. — Verrières et statues nous donnent au résumé l'équivalent de ce thème : *Marie zélatrice de la loi de Dieu et plaidant auprès des hommes pour les amener au respect de cette loi sainte.* Voilà bien toute la pensée du vocable de l'église tout entière et par conséquent de son maître-autel. Voyons maintenant dans celui-ci en nous inspirant des principes que nous venons d'émettre, les autres pièces dont se compose ordinairement un autel.

Nous remarquerons donc d'abord sa partie la plus essentielle et la plus primitive, celle à laquelle se rattache toute la destination de l'autel proprement dit, j'entends la destination du sacrifice.

Ah ! sans doute ce que cette partie de l'autel peut nous rappeler de plus à propos dans le champ libre qu'elle montre aux regards, c'est bien la grande victime qui descend du ciel pour y être jusqu'à la fin des temps la matière de l'unique sacrifice liturgique et y relever d'une valeur infinie tous les hommages d'adoration, d'actions de grâce, d'expiation et de prière que nous pouvons y déposer, et cette victime nous y sera rappelée avec d'autant plus de bonheur que Marie, dans la situation mémorable dont le souvenir est ici consacré, en avait l'âme pleine et qu'elle nous en faisait voir la touchante image reposant sur son cœur, comme pour attendrir le nôtre. — Ce sont donc les plaies du divin crucifié qui sont proposées à notre méditation et à notre culte, ces plaies par lesquelles il était suspendu à la croix et celle par laquelle furent ouverts son côté et son cœur, — blessures salutaires, principe de notre guérison et de notre vie véritable et immortelle d'où à coulé le sang qui a régénéré le monde et qui le sauve tous les jours. — Et au-dessus de la table d'autel dans la partie du gradin et qui forme le soubassement du tabernacle, nous apparaît le complément de ce qui précède. C'est *la face* auguste et adorable de ce divin Sauveur portant les marques des souffrances et des outrages que lui ont infligés les bourreaux et que continuent de lui infliger, autant qu'ils le peuvent, les pécheurs. — Devant ces mains et ces pieds immaculés qui furent percés de clous, songeons avec amertume aux iniquités de nos mains et de nos pieds, — songeons aux iniquités de notre cœur, devant ce cœur très-pur qu'a déchiré la lance et, devant ce divin visage baigné de pleurs et de sang, et couvert de boue et de crachats, repassons dans le repentir les péchés de nos sens.

Et voilà que nous allons lire sur la porte du tabernacle cette fondamentale prescription du maître: *Recevez et mangez, car ceci est mon corps.* Là en effet, derrière cette faible barrière, est la personne du fils de Dieu, agneau de l'immortelle holocauste et de la véritable Pâque, dont doivent se nourrir tous les vrais enfants d'Israël. Cette résidence qu'il s'est choisie est bien sûrement l'Arche de la nouvelle alliance, *Arca novi fœderis.* Comme celle de l'ancienne, elle est bien l'objet capital, le plus sacré et le plus vénérable du culte; comme elle, elle contient la manne tombée du ciel. Mais cette mesure de manne conservée dans la première arche n'était plus qu'un souvenir des bienfaits de Dieu, tandis que celle-ci est le bienfait vivant et permanent. C'est la nourriture qui doit nous soutenir jusqu'au bout de notre voyage vers la patrie, à travers les déserts de ce monde. L'antique manne n'était qu'une nourriture matérielle et n'alimentait que les corps. Celle-ci est vraiment une nourriture divine, car c'est Dieu lui-même, et elle soutient et développe la vie de nos âmes. Si la nouvelle arche ne contient pas comme l'autre les tables de la loi, elle contient la grâce qui grave la loi dans les cœurs et communique à la volonté une force surhumaine pour l'accomplir. — Enfin, si nous n'y trouvons pas la verge d'Aaron qui opérait tant de prodiges, nous y trouverons celui-là même qui donnait cette vertu à la verge d'Aaron, celui qui avait auparavant et a depuis fait des milliers d'autres merveilles plus étonnantes et peut en faire sans mesure et sans nombre, parce qu'il est le maître de la nature et le tout-puissant.

Aussi voilà les anges du propitiatoire anéantis dans leur adoration, abîmés dans leur contemplation, tout prêts du reste à prêter à ce Dieu caché le ministère de leurs ailes, pour ses royales représentations, lorsqu'il s'exposera aux regards de son peuple et qu'il voudra le bénir, — et voilà également dans l'arc triomphal de son trône les célestes adorateurs qui s'inclinent devant sa majesté, qui l'encensent et portent avec respect les vases où s'opère le miracle de sa présence.

Mais voilà surtout de chaque côté de l'autel cet assistant d'honneur dont il est parlé dans l'office des anges, d'après l'*Apocalypse* : *Stetit angelus juxtà aram templi, habens thuribulum aureum in manu suâ.* « Et l'ange se tint debout auprès de l'autel, ayant dans sa main un encensoir d'or. » — *Et ascendit fumus aromatum in conspectu Domini.* « Et la fumée des parfums monta devant le Seigneur. »

Quelques images insensibles auxquelles on s'est efforcé de faire exprimer des sentiments qu'elles ne pourraient avoir, pour des millions de réalités vivantes et brûlantes qui se pressent autour du trône de Dieu et ne cessent de crier dans les transports de leur enthousiasme : « Il est digne, l'agneau qui est immolé, qu'on lui reconnaisse la puissance et la divinité, la sagesse et la force et qu'on lui rende l'honneur, la gloire et la bénédiction !!!... » *Et vidi et audivi vocem Angelorum multorum et animalium et seniorum et erat multitudo eorum millia millium dicentium voce magnâ : — Dignus est Agnus qui occisus est accipere virtutem et divinitatem et sapientiam et fortitudinem et honorem et gloriam et benedictionem.* (Apocal. ch. v, 7 et 12.)

CHAPITRE XXII.

Autel du Groupe de la Salette.

Commençons encore par le retable pour les autres autels. Nous voilà devant celui de la dévotion locale. Ce n'était pas assez pour la légitime jouissance de la piété, qu'elle pût en voir l'objet de loin et dans une représentation sans relief. Il lui fallait pouvoir le contempler de près et sous les formes solides et palpables de la sculpture. C'est un degré de plus de rapprochement avec la réalité dont, en quelque sorte, on sent déjà moins l'absence, et c'est aussi, ce semble, une source d'impressions plus vives. Un autre motif d'ailleurs, pour qu'on dût désirer d'apercevoir plus nettement cette image, et de la regarder plus à proximité qu'au dernier plan d'un sanctuaire assez profond et dans le vague de lumières amoindries et voilées par des teintes, c'est que sa vue a inspiré tant de prières, et qu'ayant ainsi donné lieu à tant de grâces merveilleuses, elle peut bien encore, et de plus en plus, exciter dans les âmes de ces toutes puissantes ardeurs !

Du reste, quoique le sujet semble se répéter, on peut, en tenant compte de ce que, par analogie, j'appellerai ici le contexte, lui trouver dans l'un et l'autre cas une face différente. Le grand autel nous recommande surtout le but de l'apparition. C'est, comme nous venons de le dire, *Marie sollicitant les hommes au respect et à l'accomplissement de la loi.* — Ici c'est l'apparition dans son fait matériel. On est plus à même d'en reconnaître les particularités intéressantes, comme la disposition de la scène, la distance des témoins, l'attitude et la proportion du personnage céleste, et, à raison des effets ménagés pour faire valoir tous les éléments de ce tableau, d'en mieux ressentir les salutaires impressions.

C'est donc là qu'il faudra nous arrêter dans le silence de la méditation, pour contempler la grave et douce majesté de Marie, les lignes si pures de son visage, les larmes dont il est inondé et l'expression de tristesse répandue dans tous ses traits.

Auprès d'elle, est un modèle de l'église bâtie depuis sur le lieu de sa miraculeuse présence. Ce n'est point un objet oiseux. C'est un reliquaire où se conserve un fragment de la pierre sur laquelle Marie s'est assise, témoin insensible et muet, si vous le voulez, mais qui n'en parle pas moins au sentiment et n'en va pas moins à remuer le cœur. La pensée du contact qui l'a honoré, de la glorieuse lumière qu'il a reflété, ne nous transporte-t-elle pas sur les lieux-mêmes, ne nous ramène-t-elle pas à l'heure de l'événement dont ce souvenir le revêt et le pénètre ?

Au-dessous de tout ce cadre, est un espace qui appartient encore au rétable et où nous lisons d'un côté du tabernacle: *Paroles de Marie aux deux bergers*, et de l'autre: *Suite des paroles de la bienheureuse Vierge*. C'est le discours qu'elle leur a recommandé de transmettre à son peuple, et dont voici le texte :

« Si mon peuple ne veut pas se soumettre, je suis forcée de laisser aller la main de mon fils.

» Elle est si forte et si pesante que je ne puis la retenir.

» Depuis le temps que je souffre pour vous autres, si je veux que mon fils ne vous abandonne pas, je suis chargée de le prier sans cesse.

» Et pour vous autres, vous n'en faites pas cas.

» Vous aurez beau prier et beau faire, jamais vous ne pourrez récompenser la peine que j'ai prise pour vous autres.

» Je vous ai donné six jours pour travailler, je me suis réservé le septième. On ne veut pas me l'accorder, c'est çà qui appesantit tant le bras de mon fils.

» Ceux qui mènent les charrettes ne savent pas jurer sans y mettre le nom de mon fils. »

Ici s'arrête l'inscription de droite. Dans la suite qu'en donne celle qui est à gauche, on a dû, pour que tous les points de l'avertissement céleste pussent y trouver place malgré l'insuffisance du cadre, supprimer la fin de la partie française de cette pièce. Rien pourtant n'en est omis, puisque Marie elle-même, prenant pour le reste de sa communication le patois des enfants qui ne la comprenaient plus, a répété cette fin pour la substance et presque pour le *mot à mot* avant de poursuivre au-delà. C'est donc la traduction de tout ce qu'ils ont recueilli de sa bouche, dans leur manière de parler.

Suite. — « Si les pommes de terre se gâtent, ce n'est rien que pour vous autres. — Je vous l'ai fait voir l'an passé: vous n'avez pas voulu en faire cas ; au contraire, quand vous trouviez des pommes de terre gâtées, vous juriez en mettant le nom de mon fils au milieu. Elles vont continuer, que cette année pour la Noël, il n'y en aura plus.

» Que celui qui a du blé ne le sème pas: les bêtes le mangeront.

» Ce qui viendra tombera en poussière quand vous le battrez.

» Il viendra une grande famine. Avant que la famine vienne, les enfants au-dessous de sept ans prendront un tremblement et mourront entre les mains des personnes qui les tiendront.

» Les autres feront pénitence par la faim.

» Les raisins pourriront et les noix deviendront mauvaises.

» S'ils se convertissent, les pierres et les rochers se changeront en montagnes de blé. Les pommes de terre seront ensemencées par les terres. »

Prenons garde de trouver dans la forme de ce langage un motif de suspecter le surnaturel de sa source. Les évangiles nous sont témoins que lorsque Dieu emprunte l'organe de quelque homme pour parler aux autres hommes, il ne tient pas à lui faire produire des chefs-d'œuvre littéraires.

La langue académique et la langue populaire sont incontestablement égales devant Dieu. La parole n'a qu'un but sérieux qui doive surtout se recommander à lui, c'est d'exprimer la pensée et de l'exprimer le mieux possible pour ceux auxquels elle s'adresse. Pourquoi, destinée à des esprits sans culture, à des oreilles pour lesquelles toutes les délicatesses du beau style sont étrangères, aurait-elle pris ici à pure perte cet éclat et cette mélodie de sons que recherchent nos lettrés? — La communication dont il s'agit était pour le peuple; elle devait logiquement se produire dans l'idiome du peuple.

C'est ce que le sentiment des distances intellectuelles inspire tous les jours, dans la pratique, aux grands de l'éducation et de l'âge, parlant aux humbles et aux petits. Ils se font un besoin de se mettre à leur portée, et pour y arriver ils ont recours à cette condescendance de tournure, de termes et même de prononciation qui les feront mieux goûter et mieux comprendre. — Mais remarquons que, pour le fonds, rien ne déroge aux idées que nous pouvons nous faire d'une révélation céleste, et d'autre part, ces expressions singulières, cette allocution d'abord française, tout-à-coup interrompue à un endroit marqué, puis reprise et continuée dans le patois de la montagne, que d'incidents vraiment providentiels, ménagés, ce semble, pour rendre impossible l'identité parfaite de deux dépositions mensongères, et pour faire reconnaître la vérité dans l'accord absolu des deux témoins et surtout de deux témoins si jeunes et si naïfs, qui devaient cent fois se couper, quelqu'apprise que fût leur lecon, s'ils n'avaient eu pour guide que l'invention personnelle ou la complicité de l'imposture!

N'oublions pas avant de quitter ce rétable ces deux inscriptions qui sont là pour nous rappeler la fin dernière de toutes les œuvres surnaturelles de Dieu, et en particulier de la merveille dont nous faisons mémoire : *Gloria in excelsis Deo.* « Gloire à Dieu au plus haut des cieux. » *In terra pax hominibus bonæ voluntatis.* « Et sur la terre, paix aux hommes de bonne volonté. » C'est pour cela, en dernière analyse, que Marie est venue parmi nous, comme Jésus était venu autrefois.

Et maintenant notre regard en descendant jusqu'à l'autel va trouver la pensée qui s'y reflète dans le texte qui s'y reproduit. Il nous est fourni par l'*Apocalypse : Vidi subtus altare animas interfectorum propter Verbum Dei.* « Je vis sous l'autel les âmes de ceux qui avaient été mis à mort pour le Verbe de Dieu. » Nous avons en effet à y vénérer le corps d'un martyr.

Ce sera donc à saint Jean lui-même que nous devrons l'idée générale qui a inspiré ici la forme et qui en relève l'intérêt. Ce parti nous met du reste en pleine conformité avec les usages les plus primitifs de la liturgie, puisque c'est sur le tombeau des martyrs qu'aux premiers âges de notre foi on célébra le plus souvent. — Le sang des martyrs se mêlant au sang de Jésus sur l'autel, ce monument de la plus grande gloire de Dieu ici-bas, — ce témoignage de la plus ardente charité que la grâce ait développée dans le cœur des hommes, et le prodige le plus incompréhensible de la charité d'un Dieu, réunies dans un même faisceau, n'est-ce pas l'accumulation sous les regards de Dieu, pour les attirer et les charmer, de tout ce qu'il y a au monde de plus resplendissant et de plus riche ? Aussi l'Église a-t-elle fait de cette disposition une loi constante de son culte. Les reliques des saints, apparentes ou cachées, sont toujours présentes dans le monument du sacrifice. C'est en quelque sorte comme une représentation des efforts suprêmes, mais malgré tout insuffisants, de l'homme pour atteindre au but de ce rite, but qui ne pouvait être atteint que par une victime divine. Le divin sacrifice s'opèrera au-dessus, comme pour couvrir de ses mérites, seuls vraiment acceptables de Dieu, les mérites impuissants de l'homme et leur prêter une valeur qu'ils ne sauraient avoir d'eux-mêmes.

Si nous remontons au tabernacle, voilà, sur la porte même, la figure de Jésus nous présentant les deux grandes substances qui sont pour le corps la base de son alimentation, — *le pain* et *le vin* que Dieu par un rapprochement heureux a choisis pour être le signe sensible du mystère qui nourrit les âmes.

CHAPITRE XXIII.

Autel des saints Donatien et Rogatien.

Nous nous transportons à l'autre chapelle et nous en avons bientôt reconnu le vocable, en apercevant le groupe de nos deux jeunes martyrs.

Ne dirait-on pas que c'est Marie elle-même qui, tout en nous rappelant à la loi de Dieu, nous les propose comme modèles et par l'exemple de leur invincible fidélité au divin Maître veut donner aux objections de notre mollesse que rebutent les plus légères difficultés, cette réponse de saint Paul : *Nundùm ad sanguinem restitistis.* « Vous n'avez pourtant pas encore résisté jusqu'au sang. »

C'est jusque là en effet que doivent aller au besoin notre vertu et notre lutte. Pénétrons-nous de cette vérité et marchons désormais avec le courage et l'héroïsme des martyrs à l'accomplissement des volontés de notre Dieu.

Ces deux jeunes et vaillants soldats du devoir viennent donc donner un appui à la parole de Marie, mais leur souvenir n'est pas seulement présent où sont leurs images. La voix de leur sang ne crie-t-elle pas dans ce lieu même. — Tout au moins de la place que leurs statues occupent on eût pu voir à l'époque les tourments auxquels ils succombaient. Oh! que leur mémoire est vivante! comme elle est émouvante ici!

Les voilà donc qui foulent avec un souverain mépris les idoles de Jupiter et d'Apollon et les autels de ce culte insensé et impie. — L'art avait manifestement en vue leur apothéose, plutôt que leur combat. Ils jouissent déjà de leur immortel triomphe, puisqu'ils protégent. Nous les voyons en effet soutenir de leurs bras et de leurs palmes enlacés un plan en relief de notre cité, pendant que leur droite s'étend dessus pour le couvrir ou le bénir, ou bien encore s'associe par le geste au regard de supplication qui se dirige vers les cieux.

Ah! qu'ils soient nommés ici du nom que leur a donné pour toujours l'amour de nos pères et qui nous est cher à nous-mêmes : *Les Enfants Nantais!* Que les armoiries de la patrie viennent étaler ici leur symbole et leurs couleurs comme pour protester qu'ils sont à elle! et cherchons leur éloge dans ce mot de l'Esprit saint dont le sens retrace si bien leur fraternelle carrière : *Amabiles et decori in vitâ suâ, in morte quoque non sunt divisi.* « Aimables et beaux dans leur vie, ils n'ont pas été séparés même dans leur mort. » — Aimables, car ils furent bons et parfaits comme le sont les saints! Beaux, car ils furent nobles et grands comme le sont les héros!...

Dans le devant de l'autel nous avons à suivre

pour ainsi dire l'histoire du sacrifice. Nous y trouvons en effet toute la succession des phases très-inégales qu'il a traversées pour arriver à la miraculeuse condition dans laquelle il s'effectue maintenant.

C'est d'abord le sacrifice d'Abel qui immola à Dieu les prémices de son troupeau. *Abel obtulit de primogenitis gregis sui.* (Gén. 4-4.) Hommage touchant de la bonne volonté vraiment sincère, mais impuissante.

C'est celui d'Abraham qui sur l'ordre de Dieu saisit le glaive et se dispose à immoler son fils unique et bien-aimé. *Abraham arripuit gladium suum ut immolaret filium.* (Gén. 22-10.) — Qu'est-ce que l'homme pouvait faire de plus?... Mais il n'atteignait ni à sa dette, ni, à plus forte raison, à celle de l'humanité tout entière. Ce n'était encore qu'une figure.

C'est celui de Melchisédech, ce roi pacifique auquel répugnait sans doute l'effusion du sang et qui en conséquence offrit à Dieu la mystérieuse et prophétique oblation du pain et du vin. *Melchisedech, rex Salem, proferens panem et vinum.*

C'est celui d'Aaron qui revêtu d'un sacerdoce spécial auquel l'appelait une vocation céleste accomplit les rites sacrés, prescrits ouvertement par Dieu lui-même et offrit les victimes légales et l'encens. — *Ipsum elegit Dominus ab omni vivente offerre sacrificium Deo, incensum....* (Eccl. 45-20.) — Encore une autre face figurée du sacrifice de la loi nouvelle, mais ici comme précédemment toujours la pauvreté et l'insuffisance.

Enfin le divin prêtre vient à son tour pour offrir la victime seule digne du Très-Haut, et cette victime c'est lui-même. Agneau sans tache immolé pour les péchés du monde, il peut rappeler l'offrande d'Abel. Fils de Dieu immolé par son père, il est le nouvel Isaac de celui que représentait Abraham. Dieu caché dans son sacrifice journalier sous les apparences du pain et du vin, il nous rappelle le sacerdoce de Melchisédech. — Prédestiné de Dieu pour accomplir la grande immolation du Calvaire dont tous les détails étaient annoncés et prescrits d'avance et pour fonder le culte nouveau de la loi chrétienne, il était, à cet égard, comme un autre Aaron. Et son sacrifice différa de tous les autres en ce qu'il devait satisfaire Dieu pleinement et payer abondamment la dette de l'homme. — *Seipsum obtulit immaculatum Deo.* (Heb. 9-14.)

Au milieu des médaillons qui représentent les sacrifices figuratifs dont nous avons parlé, nous voyons donc dans un grand médaillon central le Sauveur mourant sur la croix. L'Église est là recueillant dans un calice pour les besoins du monde son sang d'une valeur infinie, pendant que la synagogue désormais découronnée laisse tomber le couteau dont elle égorgeait ses victimes, parce que le temps des figures est passé et que celui de l'auguste réalité est venu.

Le tabernacle, outre sa porte semée de croix, présente cet unique objet de remarque qu'il reproduit la forme de l'habitation seigneuriale, de ce château qu'au moyen âge habitait la souveraineté. Cette demeure que nous voyons ici est en effet celle du Seigneur, mais du vrai Seigneur, et du roi de tous ceux auxquels peut aller ce titre.

CHAPITRE XXIV.

La chaire.

La chaire catholique est vraiment le trône de *la vérité.* — Et en effet la vérité, *cette lumière qui éclaire tout homme venant en ce monde* avant tout pour le conduire à sa fin, ne se manifeste nulle part aussi complète, — aussi pure, — aussi certaine, — aussi resplendissante que là.

La doctrine catholique, n'est-ce donc pas la plus grande somme de vérités qu'on puisse posséder ici-bas, puisqu'elle embrasse à la fois toutes les vérités naturelles qui intéressent la destinée de l'homme et toutes les vérités surnaturelles qu'il a plu à Dieu, dans ce but, de nous révéler de surcroît? — En dehors d'elle ce ne peut être le symbole enrichi, c'est nécessairement le symbole amoindri. Toujours le même fonds de vérités traditionnelles, moins ce que le caprice d'une raison insoumise et infatuée d'elle-même, s'est fait un besoin d'en retrancher. Mais cette négation par laquelle elle retranche est précisément l'erreur qui vient altérer le dépôt et c'est là ce que ne connaît pas la doctrine catholique.

Cette doctrine, en effet, c'est la vérité *pure* comme elle ne pourrait l'être davantage, il n'y a en elle aucune place pour l'erreur. C'est Dieu lui-même en personne qui l'a enseignée d'abord et qui, en donnant à une société d'hommes fondée par lui, continue et durable comme le temps, mission de la transmettre et en promettant qu'il sera avec elle jusqu'à la fin des siècles, a pris solennellement la responsabilité de cet enseignement et le garantit dès lors contre tout ce qui pourrait le dénaturer.

A ce compte, la foi catholique est une certitude comme il n'y en a pas une autre. C'est Dieu qui enseigne, c'est lui qui atteste. Où existe-t-il ailleurs pour notre intelligence une base pareille: l'attestation d'un Dieu!........ Où serons-nous mieux posés pour croire sans crainte de nous tromper? Même dans les vérités que la raison peut atteindre, mais qu'elle ne tient pas d'une manière assez ferme pour pouvoir s'assurer elle-même qu'elle ne s'en dessaisira jamais, la foi vient nous fixer irrévocablement et ne nous permet plus de dévier.

Mais grâce à cet enseignement de la chaire, enseignement permanent, universel, qui s'adresse à toutes les races, à tous les peuples, à tous les individus, à toutes les classes, à tous les âges, à toutes les générations humaines, auquel concourent des millions de voix, que les foules empressées viennent recueillir, qui se met à la portée de tous, qui établit et développe avec le plus vif éclat tous les points de la doctrine, et en résultat remplit de la clarté la plus vive tout l'univers habité, où la vérité a-t-elle ici-bas une splendeur comparable? N'est-elle donc pas là le vrai soleil du monde intellectuel, l'astre du jour immatériel, inondant les les âmes de ses rayons?

Et pourquoi, comme le soleil qu'environnent dans sa marche illuminatrice toutes les magnificences des cieux, la vérité, pendant qu'elle éclaire la pensée humaine, n'aurait-elle pas aussi son entourage de gloire? — Elle l'a en réalité dans l'ordre où elle vit, mais en essayant de le rendre sensible, les arts qui frappent nos yeux ne peuvent évidemment nous en donner qu'une bien pâle traduction. Cherchons néanmoins là les éléments dont nous avons besoin pour relever l'intérêt de ce siége magistral où elle doit se produire.

Et d'abord qu'est-ce que *la vérité?* — Dans son essence c'est *ce qui est.* — Dans sa substance c'est Dieu, *l'être* dans toute la simplicité et l'extension du sens que ce mot porte avec lui et en même temps la source et l'idéal éternel de tout ce qui est sans être Dieu. — La vérité c'est le verbe de Dieu consubstantiel à son principe, la plus vivante et la plus intime expression de lui, expression plus étroitement liée à son type que la parole ne l'est à la pensée qu'elle traduit. — La vérité c'est donc Jésus-Christ, Verbe incarné, ainsi qu'il l'a déclaré lui-même : *Ego sum veritas.* « Je suis la vérité. » — Et comme il fallait que la vérité eût une sorte de visibilité matérielle, Jésus-Christ a fondé son Église pour qu'elle le remplaçât à cet égard devant les hommes, à l'heure où lui-même aurait cessé d'être visible, et l'Église est encore la vérité. — Pour arriver jusqu'à nous cette vérité suit donc le même ordre de transmission que la lumière qui luit pour notre œil. Elle part de son foyer. Elle vient inonder les régions de la foi. L'Eglise dans laquelle nous sommes y prend jour par son sommet au-dessus des ténèbres de ce monde où vivent tous ceux qui lui sont étrangers et nous fait parvenir cette lumière du ciel comme à travers le cristal le plus pur. Tel est l'ensemble des faits qui va se refléter au centre même de cette composition.

Voici donc la vérité dans la personne du Sauveur qui nous offre son image à peu près à la place où la réalité se montrerait, si elle avait à le faire ici. — C'est le Christ enseignant dans la majesté de ce grand geste de l'autorité qui affirme, et de son éternel repos qui rappelle l'immutabilité de sa doctrine. Il tient ouvert le livre de la divine science où nous lisons ces premières paroles de l'évangile selon saint Marc : *Initium evangelii Jesu Christi filii Dei.* « Commencent de l'évangile de Jésus-Christ fils de Dieu. » Et il est entouré des quatre animaux symboliques, figures des évangélistes.

Pour venir parmi nous, il avait reçu mission de son principe. Aussi vous voyez au-dessus de sa tête cette main du Père céleste qui l'indique et le bénit, accompagnée de cette proclamation dont retentirent autrefois les échos du Thabor : *Hic est filius meus dilectus...... ipsum audite.* « Voilà mon fils bien-aimé...... écoutez-le. »

Maintenant donc que sur ce témoignage venu du ciel, nous avons à le reconnaître pour le fils de Dieu et qu'en conséquence c'est pour nous un devoir de prêter l'oreille à sa voix, voilà que sa voix se fait entendre. Quelles solennelles paroles! Et comme c'est un besoin de les recueillir? Lisez sur la bande que forme autour de lui l'auréole traditionnelle : *Ego sum via, veritas et vita.* « Je suis la voie, la vérité et la vie. »

Je suis la voie. A qui s'adresse-t-il ? A des voyageurs, sans aucun doute. — Nous le sommes tous. Il y a pour nous tous un but, vers lequel nous emportent les mouvements instinctifs les plus impérieux de notre nature, et que de toute nécessité il nous faut atteindre. — Ce but c'est la vie. Il nous faut vivre, vivre aussi pleinement que possible, vivre le plus longtemps possible, c'est-à-dire immensément et toujours. — Et pour arriver là, il nous faut un chemin; et précisément, de nous-mêmes, nous sommes des voyageurs dévoyés. Nous n'avons pas de chemin et nous en cherchons un.

Ce qu'on peut appeler ici un chemin, c'est cette faculté de parvenir ici-bas à toute la vérité nécessaire, et par suite à toute la justice nécessaire pour être digne de cette vie infinie et éternelle qui ne peut être qu'un couronnement et une récompense et qui doit être une félicité divine. Or, cette faculté, nous ne l'avons pas par nous-mêmes. La raison ne nous dit pas tout, la volonté ne peut pas tout. Il faut à l'une et à l'autre un complément. Il faut la foi, il faut la grâce. Voilà le chemin, et Jésus qui est le révélateur et qui est l'auteur de la grâce est donc bien évidemment *la voie.*

Mais il y a des contradicteurs qui se posent en rivaux. Il y a des sages qui parlent au nom de la raison, il y a des séducteurs qui parlent au nom de je ne sais quelle prétendue révélation, et qui disent que Jésus ne mène à rien, qu'eux seuls ont le secret de la vie et de la destinée humaine et peuvent y conduire, et c'est à ce propos que Jésus, fort du témoignage cél[illegible] dont il est appuyé et des œuvres divines qu'il p[illegible] avec éclat, et qu'il multiplie à son gré, vient nous dire : Je ne me trompe pas et je ne trompe pas. Car, vous le voyez, je fais les œuvres de mon Père et j'ai son témoignage. *Je suis la vérité.* Évidemment, il est la vérité et à ce titre, il a seul droit de nous montrer le chemin de la vie et de nous définir ce qu'elle est.

Et alors pendant que les contradicteurs crient bien haut : La vie, c'est la science, — la vie, c'est la richesse, — la vie, c'est la puissance, — la vie, c'est le plaisir, — la vie, c'est la gloire, le voilà qui parle à son tour : *Ego sum vita*, « c'est moi qui suis la vie. » — Je suis la *vie* parce que je donne la vraie et complète lumière à la pensée et que je suis moi-même cette lumière. — Je suis la *vie*, parce que j'offre aux ambitions du cœur humain et que je donne aux âmes le bien suprême et infini et que c'est moi-même qui suis ce bien. — Je suis la *vie*, parce que c'est moi qui garde les âmes et qui ressuscite les corps pour la bienheureuse immortalité. *Ego sum via, veritas et vita*. Ces grandes paroles qui sont les bases de la prédication chrétienne, la première et la dernière raison de la foi, ne méritaient-elles pas d'avoir une place ici ?

Il est vrai que le miraculeux phénomène de cet air fait pour vibrer sous la parole humaine, vibrant également sous la parole d'un Dieu et apportant à notre oreille le son de la voix adorable, ne devait durer que le temps le moins largement mesuré pour notre vie mortelle. Et ensuite, sa foi qui naît de cette parole entendue, devait se former dans les cœurs au retentissement d'autres voix. — Mais ces voix pourront-elles remplir cette fonction si elles ne sont envoyées. *Quomodo prædicabunt nisi mittantur*. Lisez plus loin : *Sicut misit me Pater et ego mitto vos*. « De même que mon Père m'a envoyé, je vous envoie. »

Ce sont donc des hommes qui vont désormais se

faire entendre ici. Ils sont bien dûment envoyés en effet, et c'est bien pour cela qu'ils le sont. Continuez de lire: *Docete omnes gentes.* « Enseignez toutes les nations. » Mais ne vous inquiétez pas, l'autorité de leur parole sera la même. Ne ressort-il pas de là que Dieu sera avec eux pour les maintenir dans sa vérité? Et si nous ne trouvons pas ici la promesse formelle qui leur en est faite d'ailleurs, elle existe dans le même livre sacré qui nous fournit les autres textes, et n'est-elle pas, au besoin, dans notre mémoire? *Et ecce ego vobiscum sum omnibus diebus usquè ad consummationem sæculi.* « Et voilà que je suis avec vous tous les jours, jusqu'à la consommation du temps. » En sorte que leur parole sera vraiment la parole de Dieu, et qu'en les écoutant, on écoutera Dieu lui-même. Lisez encore: *Qui vos audit me audit.* « Celui qui vous écoute, m'écoute. »

Ce n'est pas à dire pour cela, que quiconque se présentera dans cette chaire en vertu de titres réguliers, sera à l'abri de tous les écarts de la langue et de la pensée. Mais c'est-à-dire qu'il y a au monde, une infaillibilité dont le peuple chrétien viendra recueillir ici les oracles, à la surveillance de laquelle rien n'échappera de ce qui s'y produira, qui ne laissera jamais l'erreur s'y affirmer pour séduire et perdre les âmes, sans la dénoncer et la flétrir. — C'est-à-dire que l'enseignement de la chaire s'accomplira sous l'œil de l'Esprit-Saint qui assiste l'Église, et inspire à la fois et son silence et sa parole de telle sorte que, lorsqu'elle se tait ou qu'elle parle pour approuver ou pour condamner, c'est lui-même qui se tait et qui parle, qui approuve et qui condamne. Et voilà pourquoi vous voyez planer au-dessus de ce siége, la colombe, l'un des symboles qu'il a choisis pour se manifester aux yeux. Et tel est le trône ou la vérité va s'asseoir.

Mais quand on parle de trône, on veut dire un siége de gloire, semblable à celui où la royauté donne ses plus solennelles représentations. Or la royauté ne s'y montre jamais dans l'isolement de sa personne. Mais elle s'y présente avec le pompeux entourage de sa cour. — La Vérité, cette reine du monde, ne doit-elle pas dans les convenances, avoir aussi la sienne ? Et nous voyons en effet se former autour d'elle, un double cercle : celui des Vérités auxiliaires qui sont les ministres de son règne, son armée pacifique et, pour ainsi dire, son front de bataille et celui des Vertus qui sont les légitimes rejetons de sa sainte fécondité.

Voici donc d'abord occupant la maîtresse place que marque la ligne médiane du monument, *la Théologie.* C'est en effet ici la grande représentante de cette vérité suprême et son organe officiel, puisque c'est d'elle que relève tout l'enseignement dont il s'agit. — Puis s'offrent, à sa droite, sa première base doctrinale, l'*Écriture sainte* et à sa gauche la *Tradition*, son second fondement. — Enfin sur ce qui reste de ce contour, se succèdent la *Philosophie* et l'*Histoire*. Voilà bien toutes les puissances de la vérité et toutes les splendeurs de la prédication réunies, et ne nous étonnons pas de les retrouver sous des figures d'anges. Ne sont-elles pas, comme les anges, les envoyés de Dieu? Ne viennent-elles pas accomplir en ce monde une mission de sa volonté et son œuvre par excellence qui est de nous le faire connaître, aimer et servir et par ce moyen de sauver ses créatures humaines? L'attribut que présente chacune de ces images vient justifier le nom qui les suit. Reprenons-les dans l'ordre que nous venons de leur donner.

La Théologie donc, cette science dont le point de départ est la révélation et dont l'objet est Dieu et tout ce qui est de lui, comme la révélation nous le fait connaître, présente à nos regards un *soleil* dans le foyer duquel brille le signe de notre foi, la *croix* qui résume à elle seule cette révélation et en concentre en elle tous les rayons. La révélation est bien en effet la lumière du divin crucifié. Car le Christ rédempteur ne fut-il pas le but de tout le surnaturel qui l'a précédé et n'est-il pas la source de tout le surnaturel qui l'a suivi sur la terre?

Après cela, quelle autre chose qu'un livre pouvait symboliser l'*Écriture sainte*, le livre par excellence, qui garde en dépôt la parole de Dieu même?

Mais comment faire comprendre aux yeux que ce livre et les choses qu'il contient sont de Dieu, si ce n'est en l'encadrant de cette gloire dont on couronne par privilége exclusif l'image des personnes divines, ou quelques signes consacrés pour tenir lieu de leur figure? —Puis la *Tradition* vient à son tour se faire connaître en étalant devant elle les trésors qui la caractérisent. Ces trésors, ce sont les œuvres où chacun des Pères de l'Église se porte témoin pour son époque des croyances, des points de discipline, des interprétations du texte sacré reçus dans la société chrétienne, et fournit ainsi son contingent de preuves pour établir l'origine apostolique et l'universalité des doctrines, des rites et des usages les plus accrédités. — Ces trésors ce sont encore ces recueils où sont réunies les définitions et les lois des conciles ainsi que les décrets des Pontifes romains, — documents où l'Église divinement assistée donne par ses divers organes son dernier mot sur les points qui importent à la foi, aux mœurs et au culte du peuple fidèle. — Quelques volumes donc sous ces titres: *Opera Patrum, concilia et decreta*, viennent ici faire attribut et représenter en abrégé cet immense arsenal de la science ecclésiastique.

Et maintenant voici la *Philosophie* qui rassemble en corps de doctrine toutes les vérités de la raison, s'étudie à les faire ressortir sous le jour le plus pénétrant et en tire sans cesse par le raisonnement des conséquences nouvelles pour la direction et le progrès de l'intelligence ainsi que pour l'amélioration des mœurs. C'est une lumière naturelle, comme celle des astres de la création, encore que d'un autre ordre, et c'est pour cela que nous voyons rayonner entre ses mains une brillante *étoile*.

Enfin l'*Histoire* déroule ses pages et nous y lisons ce récit qui ouvre les fastes du temps. *In principio creavit Deus cœlum et terram.* « Au commencement Dieu créa le ciel et la terre. » C'est bien là son début. *Et reliqua*. Le reste viendra à sa date.

Voilà déjà un illustre cortége pour la vérité. Voyons maintenant celui non moins auguste des Vertus dont elle est le principe.

Nommons d'abord la *Charité*. Couronnée comme une reine, car par sa douceur elle possède la terre et elle règne seule aux cieux puisque Dieu *est charité*, elle tient un cœur d'or dont les flammes s'agitent et s'élancent en haut et de tous côtés comme pour y saisir un aliment nécessaire, tant elle a besoin d'aimer!... Puis elle semble comparer ce cœur et le mesurer à un globe, figure de l'univers sauvé par l'amour d'un Dieu, sans doute pour l'embrasser tout entier dans ses dévorantes ardeurs. A la suite vient la *sainte Pauvreté*. Sur sa tête est un cercle d'étoiles, car sa pensée ne vit que dans la région des célestes clartés. Ses yeux y demeurent attachés et son âme s'essaie continuellement de s'y enlever sur les ailes de l'espérance et des saints désirs. Elle foule aux pieds toutes les vaines richesses de ce bas monde.

Voici maintenant *la Chasteté*. Les roses de la virginité s'épanouissent sur son front. Son vêtement témoigne des susceptibilités et des frayeurs de sa modestie. Elle porte une fleur détachée de la tige d'un lys et, la couvrant de sa main, a l'air de la protéger avec sollicitude contre un souffle ennemi.

Nous trouvons plus loin l'*Humilité*. Elle s'est fait un diadème de cet aveu de son néant : *Nihil sum ego.* « Je ne suis rien » et paraît reconnaître sa place dans cette situation abjecte d'où elle tire son nom : *Humi,* « *à terre.* » C'est l'inscription du rouleau qu'elle déploie.

Enfin la *Diligence,* infatigable moissonneuse, porte la *faucille* instrument de la récolte et la gerbe, récompense des rudes labeurs et des sueurs dont elle arrosa la terre. Des épis forment son royal bandeau.

Tout ce qui, sous un nom particulier, désigne une des faces de la perfection chrétienne pourrait également revêtir un visage et un corps et prendre place ici en ajoutant indéfiniment à la noble escorte jusqu'à la proportion d'une multitude. Mais, à l'analyse, cet ensemble de qualités morales dont la sainteté se compose, réduit à ces termes, l'offre aussi adéquate qu'il est possible. — L'amour de

Dieu et des hommes, — le mépris des choses passagères et les ambitions immortelles, — la vie pure de l'esprit et l'empire sur les passions qui abaissent et matérialisent, — l'oubli de soi-même et l'humble recherche pour soi de tout ce que le monde dédaigne, — une existence pleine d'œuvres, que reste-t-il en dehors de cela pour l'amélioration de l'homme et pour l'honneur de la vérité qui l'instruit et le façonne ? Le groupe des Vertus n'est-il pas complet, et en résumé, la majesté de la Vérité ne ressort-elle pas de tout cet appareil qui recommande la dignité de son siége ?

Mais la chaire est non-seulement un trône, c'est aussi *une citadelle*. — Que la vérité soit le but d'une guerre acharnée et que sa condition normale ici-bas soit d'être sur le pied de défense, c'est ce qui est évident pour qui connaît le monde et son histoire.

La raison de cela, c'est cet orgueil et d'autre part par un singulier contraste cet abaissement, inoculés au fond de notre nature et dont chacun sait l'origine.— Il y eut au berceau de l'humanité une faute qui atteignit et vicia profondément la source dont nous avions à naître. — Cette faute en effet imprima caractère à notre race et y fonda pour jamais un trait de famille auquel on en devait reconnaître toutes les générations. Ce fut à la fois un acte d'incroyable superbe et de sensualité puérile, mais bien criminelle à raison d'un mépris d'autorité s'attaquant directement à Dieu et des épouvantables résultats prévus dès lors. — Issus du coupable à la suite de ce lamentable événement, nous portons tous en nous quelque chose de cette inimaginable ambition d'être l'émule de Dieu et de cette avilissante domination des sens faisant céder à un animal et rapide plaisir les intérêts suprêmes de toute une descendance. — Nous sommes pleins de suffisance et nous ne pouvons accepter rien de ce qui s'impose. — Nous sommes charnels et nous ne pouvons, sans révolte, admettre rien qui limite notre grossier bien-être.

Or la vérité vient se poser ici devant nous avec ses dogmes puisés dans le mystère de Dieu et dont il est interdit à la raison d'être juge, mais aussi dont les conséquences immédiates et directes sont pour nous l'abnégation de la chair et l'asservissement de ses instincts à la loi de l'esprit.

De là, comme il est naturel, révolte de la raison et insurrection des sens, — ligue de l'une et l'autre puissance contre cette vérité qui les opprime et de l'une et de l'autre part, conspiration permanente, ne reculant devant aucune audace, devant aucune difficulté, devant aucun moyen pour entamer au moins cette vérité, mais si c'est possible, pour la ruiner de fond en comble. — On dresse donc contre elle toutes les batteries connues. On cherche à miner ses fondations. On s'efforce de détacher une à une chacune des pierres de son édifice et de le percer à jour. On dit et on prétend prouver que la révélation sur laquelle elle s'appuie est une erreur et un mensonge. On attaque chacun de ses dogmes, même ceux que la raison tient pour incontestables. On s'applique à renverser chacune des lois de sa morale et à lui substituer une morale nouvelle. Le chef-d'œuvre de tout cela qui serait le dernier mot du programme ce serait de pouvoir avilir cette vérité et *de l'étouffer dans la boue.*

Il y a donc contre la vérité des ennemis de toute espèce. — des faux savants et des menteurs, lesquels font de l'histoire à contre-sens pour calomnier cette vérité et la rendre méprisable, — des sophistes, argumentateurs et railleurs, qui veulent faire dire à la raison ce qu'elle ne peut dire et, avec des moyens dédaignés par elle, nous montrer la lumière là ou il n'y a que des ténèbres, — des inconséquents l'empêchant de conclure et de faire droit à cette auguste persécutée et à son zèle pour le bien des hommes, — des incrédules qui méprisent la révélation, des hérétiques qui la dénaturent en s'appuyant sur l'Écriture qu'ils ne comprennent pas et dont ils n'ont pas la clef, ou en invoquant la tradition, pendant que la tradition les condamne. — Et qu'il y a longtemps que tout cela dure !... A la vérité donc de se défendre et c'est dans la chaire qu'elle se défend surtout, car les écrits ne sont que l'extension et souvent le retentissement de l'œuvre qui s'y accomplit.

La chaire est donc comme une espèce de place forte. La vérité s'y trouve en quelque sorte à l'abri de formidables remparts et de là elle repousse toutes les agressions dirigées contre elle. — A l'histoire mensongère et calomniatrice elle répond par l'histoire consciencieuse et vraie. — Aux tours d'adresse du sophisme elle oppose l'inflexible logique avec laquelle elle pousse l'erreur obstinée et taquine jusque dans ses derniers retranchements. — Elle terrasse la libre pensée par la preuve sans réplique de sa mission divine et le libre examen par le sens authentique et garanti de la *parole révélée* dans toute son intégrité, — mais aussi par l'imposante unanimité de tous les siècles chrétiens dans leur pompeuse succession.

Pour idéaliser la chaire, n'était-ce pas dès lors une fantaisie acceptable que de lui appliquer les formes de ces constructions protectrices où ceux que poursuivent les hostilités de la guerre trouvent leur salut et quelquefois leur victoire ? — Voilà donc tout autour de ce siége des murailles crénelées et percées de meurtrières. — Voilà à des distances calculées des tours qui ressortent en saillie comme pour attirer sur elles toute la violence des assauts, mais en même temps pour mettre à couvert les parties en retraite de l'enceinte fortifiée, et c'est au sommet de ces tours que se présente la défense, c'est-à-dire que se montrent toutes ces forces que nous venons d'énumérer, *Théologie*, *Ecriture Sainte*, *Tradition*, *Philosophie* et *Histoire*. N'est-ce pas, du reste, avec justesse que cette position relative leur est attribuée?

Deux choses procédent de l'enseignement catholique, la *Doctrine* et la *Pratique*. La première soutient évidemment la seconde et lui devient un nécessaire appui. — C'est en effet la doctrine, ou autrement ce sont la théologie avec ses deux compagnes, l'Écriture Sainte et la Tradition, puis la Philosophie et l'Histoire qui nous font connaître Dieu, ses volontés, ses menaces et ses promesses, sa conduite envers les bons et les méchants, les moyens indispensables et efficaces pour être sur la voie des récompenses et pour éviter celle des châtiments. — C'est, forte de ces documents, des divers sentiments qu'ils suscitent de respect et d'amour, de terreur et d'espérance, et des secours qu'ils lui fournissent, que la *Pratique* marche à la perfection. Sans cela que ferait-elle? A la Doctrine donc les positions avancées. — A la *Pratique*, c'est-à-dire aux Vertus, les positions protégées et tout est dans les principes de la stratégie la plus régulière.

—

La Chaire peut encore être considérée comme un *monument triomphal*, érigé à la gloire de la vérité victorieuse et à la confusion de ses ennemis vaincus.

Jusqu'au moment où cette parole divine retentit dans le monde : *Docete omnes gentes.* « Enseignez toutes les nations, » que la partie de l'Enfer était belle ! ... A part un coin de terre, je veux dire la petite région de la Judée, où de temps à autre dans les siècles s'élevaient isolément les voix inspirées des prophètes, l'univers entier était voué aux ténèbres de Satan et à sa tyrannie dégradante. La puissance du mal régnait sur les intelligences, par l'ignorance et par l'erreur, et sur les cœurs et les volontés, par le désordre moral et le débordement de tous les crimes, dont l'entraînement était doublé par leur apothéose, et leur position souveraine dans le préjugé commun et dans les coutumes invétérées et universelles. — A peine si quelques éclairs apparaissaient au milieu de cette nuit profonde de la mort où les nations étaient assises, et ces lueurs (car pourrait-on les appeler des lumières ?) n'étaient-elles point des étincelles sauvées d'une révélation primitive, dont Dieu lui-même avait formé le trésor traditionnel de la famille humaine avant d'en séparer les races ? — A peine si quelques vertus, bien pâles, bien obscurcies, bien problématiques y faisaient leur faible et rare apparition. N'était-ce pas pour l'Enfer un vrai triomphe ? — Ne fut-ce pas pour lui une véritable défaite, quand tout un essaim d'envoyés de Dieu, vint répandre sur le monde le jour abondant de la vérité, y fonder et y étendre le règne de la vertu relevée jusqu'à la sainteté, — quand la Chaire chrétienne se dressa partout, et quand l'Église par ses millions de voix occupa tous les échos de l'Univers ? — Quelle confusion pour le tyran de l'homme ! ... Comme il dut gémir ou plutôt hurler de rage ! Comme il dut grincer des dents et se soulever dans son désespoir pour ébranler cette tribune d'un nouveau genre ! — Sa situation n'est point changée, il est toujours là, frappé pour ainsi dire d'impuissance. Les jours de son règne ne reviendront jamais. Toujours la vérité le comprimera et démasquera ses mensonges et ses malices. Toujours elle écrasera les vices, fruits de ses doctrines et de ses séductions.

Telle est la pensée dont la sculpture a fait son thème dans le soubassement. — Nous y reconnaissons Satan dans ce géant terrassé, sur lequel pèse la colonne centrale et par elle tout le monument. On sent qu'il voudrait se dégager de cette situation humiliante et laborieuse. Sa fureur n'y peut rien et ses ruses n'y peuvent pas davantage. Il gît dans la poussière avec les maximes qu'il a vulgarisées et qui représentent l'esprit du siècle, et toutes les vanités dont il se sert pour captiver et égarer.

Comme la Vérité, le prince du mensonge a son

cortége. Ce sont surtout les Vices dont il est le père incontesté. Nous les remarquons autour de lui, écrasés à leur tour sous la base des colonnettes, qui portent le plus haut qu'elles peuvent les Vertus opposées. Ils se personnifient dans les criminels de leur spécialité, demeurés les plus fameux.

Sous la *Charité*, c'est l'*envieux Caïn*, renversé sur le corps d'Abel, son innocente victime, et tenant en main l'instrument de son odieux fratricide. — Au bas de la *sainte Pauvreté*, c'est l'*avare Judas*. L'amour sordide de l'argent l'a possédé à ce point, qu'en sortant de recevoir les suprêmes témoignages de la tendresse de son Dieu, il l'a vendu pour trente pièces de monnaie. Le calice et l'hostie sont jetés là, près de lui, en mémoire de son épouvantable sacrilége, et il serre convulsivement dans ses mains la bourse où sont à la fois son trésor et son cœur. De quelles trahisons n'est pas capable l'âme vendue aux vils instincts de la cupidité ?

Au-dessous de la *Chasteté*, voici *Bala, roi de l'impure Sodome*. C'est lui qui régnait sur cette infâme cité, la plus célèbre des quatre villes que dévora le feu du ciel en punition des crimes monstrueux qui s'y commettaient. Avec sa tête couronnée, il s'offre juste au même niveau que cet animal immonde qui, à raison de ses mœurs lascives et de ses émanations repoussantes, est devenu l'emblème du vice innommé.

L'orgueilleux Nabuchodonosor vient ensuite contraster avec l'*Humilité*. Il est là comme un roi précipité du haut de son trône avec son sceptre brisé. Ce fut lui que Dieu eut besoin de faire chasser de la société des hommes et de réduire à l'avilissement de la brute, pour lui apprendre que le maître du ciel était aussi le maître des rois.

Puis à la *Diligence* correspond le *Paresseux*, couché mollement sur ce lit, cher à son indolence, où se poursuit indéfiniment son lâche sommeil et son irremédiable ennui.

Enfin sous les degrés de la Chaire se roule dans son ivresse, l'*intempérant Sardanapale* avec sa coupe épuisée que sa main engourdie ne peut plus retenir et laisse échapper.

Et ici, chrétiens, pénétrés de vénération pour la sainteté du temple, comprenez-vous qu'on puisse venir y chercher autre chose que des pensées sérieuses et des impressions de piété ? — En vous arrêtant donc dans la contemplation de ces laideurs et de ces tortures où la pitié n'a rien à voir, prenez garde d'y trouver un frivole amusement et une provocation déplacée aux rires de la légèreté et de la dissipation. — Que ce soit plutôt une occasion pour nous de nous transporter en esprit dans la région de toutes les perversités et de tous les malheurs, et d'essayer à y surprendre l'ennemi de Dieu et des hommes dans la réalité de ses indicibles dépits et de ses colères insensées. Jouissons-en, si nous le voulons, dans un sentiment d'amour pour la divine cause qui l'emporte et au souvenir des intérêts que nous y avons.

—

La chaire, en effet, est en dernier lieu un instrument de salut et comme une mystérieuse échelle pour monter de vertu en vertu au séjour de la félicité. — De là surtout nous viennent ces invitations à diriger nos regards vers le ciel, où sont nos destinées. C'est là qu'on nous en apprend la route, qu'on nous y pousse ou qu'on nous y ramène pour nous y pousser de nouveau quand nous nous en sommes écartés, qu'on nous y relève dans nos chutes, et qu'on nous y soutient jusqu'au terme du voyage. Ne convenait-il pas que, par quelque image, la chaire nous rappelât sa fin dernière et la nôtre?

En reportant donc nos yeux vers la partie la plus élevée du monument, nous apercevons cette éternelle cité que nos regards charnels ne peuvent atteindre et dont nous ne pouvons saisir que par la foi la lumineuse et ravissante perspective. C'est là que nous marchons tous. C'est là le dernier but, et de celui qui prêche et de celui qui écoute. De l'un et de l'autre côté un envoyé céleste vient stimuler chacun selon sa vocation. — Celui qui est tourné vers le sanctuaire et les ministres de la parole leur adressent ces mots du prophète : *Clama, ne cesses, quasi tuba exalta vocem tuam et annuntia populo meo scelera eorum* (Isaï 58). — « Poussez le cri d'alarme. Ne cessez de le faire entendre. Donnez aux accents de votre voix tout l'éclat des sons de la trompette pour qu'ils aillent plus loin et qu'ils atteignent un plus grand nombre et reprochez à mon peuple les crimes dont il est coupable. » — Dans les circonstances qui ont fait naître la pensée de l'édifice où nous sommes, sous l'influence du souvenir de celle qui vint sur la montagne raconter les scènes de juste colère et les projets de vengeance du ciel à propos des derniers péchés de la terre et qui recommanda de faire passer cela à son peuple, évidemment la prédication devait s'entendre dans ce sens. — Mais dès qu'il faut heurter l'amour-propre des hommes et leur parler avec sévérité, ne faut-il pas prévoir tous les soulèvements de leur orgueil froissé ? N'importe. N'ayez pas peur et en montant dans cette chaire pour y accomplir votre mission, foulez hardiment aux pieds toutes ces vaines révoltes de leur fureur, au même moment où vous marcherez sur ce lion qui en est le symbole et qui appuie les premiers degrés de la sainte tribune. Que peuvent-ils contre vous ? — Recueillez en effet à cet instant même cette bénédiction qui dès l'entrée s'offre à votre adresse : *Dominus tecum.* « Le Seigneur est avec vous. » Et quand vous serez là, une voix d'en haut viendra seconder les efforts de votre voix; lisez en effet le message du second ange tourné vers le peuple.

Jerusalem, Jerusalem, convertere ad Dominum Deum tuum. « Jérusalem de la terre, fidèles de la sainte Église, qui malheureusement ne méritez pas assez ce nom, oh! convertissez-vous, convertissez-vous au Seigneur votre Dieu. » — C'est encore ici le même cri que celui qui a retenti sur la montagne et qui venait en effet du ciel.

Et maintenant si long que soit cet exposé et si compliqué que peut paraître cet ensemble à raison des nombreux détails que nous avons eu à y relever, résumons ici l'idée de la chaire chrétienne d'après ces données dans une définition plus simple dont ce travail, du reste, n'excède pas les termes. La chaire chrétienne c'est donc *le siége où l'Eglise affirme, développe et défend sa doctrine pour confondre l'enfer et pour sauver le monde.* Voilà bien ce que l'œuvre actuellement sous nos yeux nous retrace dans tout son plan. — Gloire donc à cette vérité du salut, gloire à Dieu qui nous l'a donnée! Gloire à l'Eglise qui nous la transmet, et salut aux hommes qu'elle est venue sauver!.....

CHAPITRE XXV.

Les confessionnaux.

Si donc la grâce de Dieu, en vous sollicitant comme elle fait surtout du haut de la chaire, vient à toucher votre cœur, vous aurez aussitôt besoin de ce tribunal que sa miséricorde a fondé dans l'Église et où le pardon du ciel attend le pécheur pénitent.

Et ici quel vaste champ pourrait s'ouvrir encore à cet art qui transfigure la matière et, en l'embellissant pour les yeux, la fait servir à la vie de l'âme! Quel riche poème ne nous fournirait pas cette merveilleuse conduite de la bonté d'un Dieu, poursuivant et accueillant le pécheur, lui donnant le baiser de paix et le couvrant de ses dons! Avec quels charmes n'y retrouverait-on pas les paraboles évangéliques où cette bonté s'est peinte elle-même en traits si touchants et si vifs, en même temps que toutes ces paroles si pleines d'un généreux oubli, si compatissantes et si tendres adressées par le Sauveur aux malheureux égarés qu'il ramenait à son père, ou celles que le repentir leur dictait à eux-mêmes, et qui en provoquant, dans notre cœur, les sentiments analogues, nous offrent l'expression et le soulagement que de leur nature ils réclament.

Il est vrai que dans le trouble dont la conscience est agitée sous les étreintes du remord et dans les préoccupations de ce pénible aveu de toutes les hontes de notre vie, l'attention dont l'esprit est capable, se prête peu à une méditation suivie et à l'analyse réfléchie d'une composition compliquée. Mieux vaut pour la situation un de ces traits rapides dont la vue pénètre l'âme et quelque parole saisissante qui y porte l'humilité, le regret du passé, le courage, la confiance et l'amour.

Tel a été ici le parti préféré. On a jugé qu'un seul fait et un seul texte suffiront à ce besoin du cœur dans ce mouvement de retour vers son Dieu, et alors tous ces éléments dont on aurait pu former un ensemble plus imposant, n'auront point à se combiner dans l'unité d'un même plan, mais, à raison de la multiplicité de ces tribunaux de grâce, n'en viendront pas moins isolément s'offrir et se prêter à l'action invisible de celui qui opère mystérieusement sur les âmes. Ces sujets et ces inscriptions formeront pour chacun d'eux une sorte de frontispice où toutes les vérités de circonstances apporteront à l'esprit et au cœur leur lumière et leur onction.

Ici c'est Pierre, représentant le sacerdoce chrétien tout entier, et recevant pour tous les prêtres contemporains et futurs, des mains du Fils de Dieu, les clefs qui ferment l'enfer et qui ouvrent le ciel en même temps qu'il recueille de sa bouche ces paroles sacramentelles : *Quorum remiseritis peccata remittuntur eis.* « A ceux dont vous aurez remis les péchés, ils seront remis. »

A quel besoin immense ce mot répond !.... Quel poids que la conscience du crime !.... Le crime, en effet, c'est la honte, car l'intelligence, la raison, la dignité humaine y ont été sacrifiées. Il y a eu dans cet acte abaissement, sottise et folie. — C'est un ennui, une gêne, un malaise profond, parce qu'il y a toujours là le reproche amer, importun, incessant. — Oh ! s'il était donné au pécheur d'effacer quelques passages de sa vie, ces passages qu'il tient à cacher, que pour tout au monde il ne voudrait pas faire connaître, ni savoir connus, qu'il serait heureux de se cacher à lui-même, mieux encore de pouvoir pleinement oublier ! Oh ! s'il pouvait faire qu'ils n'eussent jamais été !.....

Hélas ! et c'est ici un des tourments les plus cruels de cette conscience, à défaut d'autres juges, il y en a un qui est inévitable. C'est Dieu. — Ces actes coupables seront jugés malgré tout. — Ils le sont déjà. Dieu a tout vu. Sa sainteté s'en est indignée et irritée. — Sa justice en est désormais en possession. Que peut-il arriver ? Le fait est que ce juge a sous sa main tous les maux, et que parmi ces maux il y en a qui sont éternels et impossibles à dire, et même à imaginer, par ce qu'ils sont la plus haute expression de la puissance de punir et le dernier mot de sa justice. Qu'est-ce que le pécheur a donc à attendre?

Oh! que cette parole arrive à propos: *Quorum remiseritis peccata remittuntur eis.* « A ceux dont vous aurez remis les péchés, ils seront remis!.... » Il ne fallait rien moins sans doute que cette assurance formelle provenant de la source même du pardon. — Ainsi un homme aura droit de vous dire au nom du ciel: *Je vous absous*, et vous serez réellement absous. Quel service Dieu nous rend ici, et comme il devient notre Sauveur! — Sans cela, en effet, à quelle existence étions-nous voués?

Avoir la conscience d'un mal sans remède, — se voir sous les continuelles menaces de la justice de Dieu; — ne pouvoir arriver par le raisonnement, d'après les principes naturels, à d'autres probabilités pour le dernier avenir que celle d'un châtiment suprême; — ne prévoir pour toutes les luttes et tous les efforts sur soi-même, tous les sacrifices ultérieurs de la vertu d'autres compensations ici-bas que les jouissances modérées de la vie honnête et pour l'autre monde une situation moins aggravée et tout au plus une certaine déduction proportionnée des peines méritées pour l'heure des vengeances; — se trouver en face d'un bonheur à venir auquel on ne se connaît plus de droit et d'un bonheur présent le seul qui s'offre à notre faim et à notre soif de félicité, mais avec toutes ses insuffisances et par cela même avec toutes ses intempérances, tous ses mépris de la loi morale et ses accumulations sans mesure de fautes et de responsabilités ; — enfin ne plus se sentir qu'une vertu amoindrie par ses échecs précédents devant la tâche où elle a failli lorsqu'elle combattait dans les conditions les meilleures, comment ne pas être saisi de découragement, de désespoir et de vertige ? Comment ne pas s'échapper comme un torrent dans les voies ouvertes à toutes nos passions et à tous nos désirs, lorsque nous est fermée d'ailleurs la voie des espérances ?

Mais est-ce uniquement pour l'individu, n'est-ce pas pour la société tout entière que ce mot vient à propos? Dans l'humanité, quelle effrayante majorité que celle des hommes qui ont ainsi la conscience du coupable et par suite celle du déshérité et qui sont sur le chemin de cette logique du désespoir !... Mais quels éléments pour une société que des désespérés, des hommes qui n'ont plus un certain intérêt dans la vertu et en trouvent d'irrésistibles dans le crime ! — Quelle réparation et quel salut pour cette société que cette parole qui réconcilie l'homme avec lui-même, avec Dieu, avec la vertu et ses destinées ! *Quorum remiseritis peccata remittuntur eis.* « A ceux dont vous aurez remis les péchés ils seront remis. » Et remarquez que le sens de cette parole vraiment réparatrice est absolu. — Car cela ne veut pas dire qu'il n'y aura de remis qu'une certaine espèce, qu'un certain degré, qu'un certain nombre de fautes. Non, les crimes de la nature la plus odieuse, ceux même dont la gravité réclame la dénomination de forfaits et d'autres noms, s'il en est, plus empreints encore de réprobation, tout cède à ce pouvoir bienfaisant, et cela non pas une fois, mais des milliers de fois, autant de fois qu'ils se produisent, pourvu que ce soit le repentir sincère qui les soumette à cette action. O pouvoir des clefs, quel don de Dieu vous êtes !

En entendant dire que Dieu fait au pécheur une possibilité de rentrer dans sa grâce, on pourrait craindre de prime abord qu'avant tout néanmoins devant celui qui vient demander son pardon, il se posât encore en offensé qu'il faut apaiser à tout prix et qu'il n'attendît que nous venions à lui sans daigner faire un pas vers nous, que même il nous réservât un accueil sévère, ou tout au moins plein de ressentiment et de froideur.

Et voilà qu'au contraire, c'est lui qui court après nous. C'est lui qui nous ramène à lui. C'est lui qui nous porte dans ce trajet qu'il faut faire pour arriver là et c'est avec transport qu'il nous accueille.

C'est là ce que vient nous rappeler plus loin cette figure du bon pasteur revenant de poursuivre la brebis fugitive. Il l'a rejointe et arrêtée dans sa course malheureuse, peut-être même arrachée à la dent meurtrière des bêtes féroces qui tout à l'heure allaient la dévorer, et, parce qu'elle était fatiguée de ses longues marches à travers le désert et qu'elle n'en pouvait plus de faiblesse à la suite de tant de rudes privations endurées, il l'a mise sur ses épaules et il est plein de joie sous ce fardeau cher à son cœur. *Cum invenerit eam imponit super humeros suos gaudens.* Et par le fait il nous a dit : « Je vous déclare qu'il y aura au ciel une plus grande fête pour le retour d'un seul pécheur qu'il ne peut y en avoir pour la persévérance de quatre-vingt-dix-neuf justes. » *Dico vobis quod ità gaudium erit in cælo super uno peccatore pænitentiam agente, quàm super nonaginta novem justis qui non indigent pænitentiâ.*

On pourrait craindre encore qu'il ne mît à notre pardon les conditions les plus dures. Ayez confiance à cet égard dans la tendresse infiniment délicate de ce père. Car c'est bien un père. C'est un père recevant dans ses bras son fils qui l'avait abandonné, qui le désolait par ses écarts, qu'il regardait comme perdu, dont il pleurait en quelque sorte la mort et qu'il retrouve enfin plein de repentir et de bon vouloir, après l'avoir tant regretté. *Mortuus erat et revixit.*

Oh! cette miséricorde de Dieu si dévouée et si expansive fera bien en sorte que là où elle ne peut paraître en personne, elle soit du moins représentée dans sa plus frappante vérité. Autant donc pour le juge réconciliateur que pour le pénitent qui viendra se réconcilier, voilà le retour de l'enfant prodigue qui se reproduit ici, comme pour dire à celui-là : Oh! soyez charitable et tendre, c'est l'enfant bien-aimé du Dieu dont vous êtes le ministre qu'il s'agit de recevoir; et à celui-ci : Oh! n'ayez pas peur, c'est un père qui va vous accueillir. Il se fera un besoin de cœur d'atténuer autant que possible votre honte et vos angoisses. Il comprendra à demi-mot les aveux de votre misère, il pleurera avec vous, il vous pressera sur son cœur, il adoucira les amertumes de vos repentirs, calmera vos désespoirs, se mettra en devoir de retrouver et de faire revivre les traits de votre ancienne beauté, vos titres de noblesse, et les trésors de votre première opulence.

Il est vrai, la justice de Dieu a bien cédé la grande partie de ses droits. Mais elle n'a pu renoncer à tous ses droits sur le coupable. — Il faut toujours une satisfaction, une expiation. — Admirez la charité de votre Sauveur. Il vous apparaît ici sur la croix où il a consommé le sacrifice de la vie divine pour les péchés du monde en général et pour les vôtres en particulier. Il s'est chargé de ce qu'il y avait dans cette tâche d'impossible et même de ce qu'il y avait de difficile à votre faiblesse. — Il ne vous reste à faire que ce qui est facile. — Oh! abritez donc vos péchés sous ses immolations et sous ses mérites. Criez vers lui: Agneau de Dieu qui effacez les péchés du monde, ayez pitié de nous[1]. Mettez l'insuffisance de vos actes expiatoires, quels qu'ils soient, insignifiants ou héroïques, commandés ou volontaires sous le couvert de la valeur infinie de tout ce qu'il a fait pour payer notre dette.

Et maintenant allez plus loin. Dans cet autre tableau, voilà une grande pécheresse prosternée aux pieds de Jésus. Les hommes l'ont surprise dans le crime et l'ont condamnée; mais qu'importe? Les hommes qui ne peuvent donner la paix à la conscience coupable qu'ils absolvent ou même qu'ils préconisent, ne peuvent l'enlever non plus à ceux qui l'ont reçue de Dieu. Jésus lui donne donc la paix. *Vade in pace et jàm ampliùs noli peccare.* « Allez en paix et désormais ne péchez plus. » — Fussiez-vous au ban de l'opinion, votre vie fût-elle couverte de crimes et décriée comme telle, eussiez-vous subi les dernières flétrissures que peut infliger la justice d'ici-bas, oui, il y a pour vous dans ce tribunal une paix en vertu de laquelle vous retrouverez le repos de la conscience, les consolations de l'âme, les espérances de l'éternité et,

1 *Agnus Dei qui tollis peccata mundi, miserere nobis.*

ce qui est plus, vous rencontrerez une douceur ineffable même dans les humiliations et dans les expiations du crime. Mais quelle horreur ne devez-vous pas concevoir de vos fautes? Quand même elles n'auraient eu encore aucune de ces douloureuses conséquences, ne suffit-il pas que de leur nature elles nous creusent les abîmes de l'éternité? Ne suffit-il pas qu'elles nous dépravent et qu'elles nous abaissent? Ne suffit-il pas surtout qu'elles attristent le cœur d'un Dieu si bon et qu'elles rendent inutiles tous ses bienfaits? *Jam ampliùs noli peccare.*

Et si sous l'impression de ces sentiments régénérateurs, vous voulez effacer de plus en plus ce qui fut votre honte et le tourment de votre vie, et ce qui devient l'inquiétude de votre avenir, écoutez bien cette parole du Sauveur au sujet de Magdeleine qui répand devant lui les larmes de l'amour repentant : *Remittuntur ei peccata multa, quoniam dilexit multùm.* « Il lui est remis bien des péchés, parce qu'elle a bien aimé. » — Aimez donc bien, c'est l'amour qui justifie, c'est l'amour qui vivifie, c'est l'amour qui béatifie pour les siècles des siècles. — Que reste-t-il à faire à cette âme réconciliée, si ce n'est d'aller à l'autel pour y prendre en action de grâces le calice du salut et pour y avancer dans la vie?

CHAPITRE XXVI.

Chemin de croix.

Tout s'appelle et s'enchaîne dans les phases progressives de cette vie spirituelle dont l'Église est la source et par suite dans les objets matériels qui, tout en meublant le temple, devront, à l'heure convenable, servir à cet épanouissement gradué de la vie chrétienne.

Ainsi l'audition de la parole amène la conversion du cœur à laquelle succèdent le renouvellement de l'âme dans le bain salutaire de la pénitence; puis les actes d'expiation et d'amour où cette vie se manifeste et en même temps se perfectionne et se développe pour se consommer enfin, autant que cela se peut ici-bas, dans les mystères de divine intimité que la communion réalise.

C'est-à-dire après la chaire, le confessionnal, et après le confessionnal, mais avant la sainte table, les instruments habituels de l'expiation et de la grâce, s'il faut des instruments pour que nous puissions compléter ainsi ce qui manque aux satisfactions de Jésus-Christ en nous et à notre pardon. Et quand il s'agit de signaler les objets de cette nature qui peuvent avoir une place visible dans le temple et y faire ornement, on nomme aussitôt *le chemin de la croix*.

Nous retrouverons donc ici cette représentation des divers incidents qui ont marqué le parcours de Jésus jusqu'à l'endroit de son supplice; — représentation à laquelle répond un exercice familier et cher aux vrais disciples du Sauveur parce qu'il rappelle plus vivement la grande merveille de sa charité, l'œuvre capitale de notre rédemption, l'admirable sacrifice dont procède pour nous toute rémission, — parce que, par une douce illusion de notre foi, il nous met en possession du rôle ambitionné de notre cœur, en nous faisant dans un sens marcher avec lui sur ses vestiges adorés et en nous faisant participer dans une certaine mesure, si légère qu'elle soit, aux fatigues et aux ennuis de ce pénible trajet, entrepris pour nous-mêmes, enfin parce qu'il est plein pour nos âmes de fruits de pénitence et de miséricorde.

Se pouvait-il que le chemin de croix fût oublié dans un lieu où tout parle de la nécessité pressante d'apaiser la colère de Dieu et par conséquent d'expier, — où le souvenir de la divine victime acquittant la dette de nos crimes, vient s'associer d'une manière remarquable au miracle que recommande cet édifice? — Se pouvait-il qu'il fût oublié dans un sanctuaire érigé en l'honneur de Marie, une seconde fois *mère de douleurs*, qui la première fit avec Jésus la route du Calvaire, vécut de ce souvenir et se plut à l'entretenir après l'Ascension par la visite continuelle de cette voie lamentable, lorsqu'elle fut venue à Jérusalem pour y achever ses jours et enfin qui se montrant à nous éplorée a tenu à nous rappeler son fils bien-aimé souffrant et mourant pour nous ?

Remarquons en passant que, d'après les règles prescrites, c'est du côté de l'Évangile que procède cette pieuse conduite faite à Jésus. — Disposition vraiment logique !.... C'est de ce côté, en effet, que nous est exposée la vie du Sauveur, que pour ainsi dire nous l'entendons parler et nous le voyons agir. C'est là que nous avons à chercher notre docteur et notre modèle et si, en conséquence de ses leçons et de ses exemples, nous nous déterminons à marcher, l'Évangile ne sera-t-il pas notre point de départ et dès lors ce côté, qui en retient la signification, n'est-il pas rationnellement celui où doit commencer notre marche ?

Nous avons ici deux tableaux supplémentaires ; l'un qui prélude à ce mystique pèlerinage et l'autre qui en est comme l'arrière-conclusion. Le premier est un appel de Jésus à tous ses disciples pour les entraîner à sa suite. *Si quis vult post me venire abneget semetipsum et tollat crucem suam et sequatur me.* « Si quelqu'un veut venir après moi, qu'il se renonce lui-même, qu'il porte sa croix et me suive. »

Jesu, exemplar virtutum! [1]	*Jesu, via et vita nostra!*
Jésus, modèle des vertus!	Jésus, notre voie et notre vie!

Et qui donc, se reconnaissant la qualité de chrétien, ne voudra pas aller après ce maître, c'est-à-dire ayant déjà adopté ses manières de voir, ne voudra pas conformer sa vie à la sienne? Il est vrai qu'il y a deux espèces de chrétiens. Les uns, disciples dévoués ne vivent que pour leur Sauveur, et c'est sur ceux-là qu'il compte pour que soit entendue cette parole: *Si quis vult post me venire*, et pour qu'il ne se trouve pas seul dans la voie d'opprobre et de souffrance. Les autres serviteurs intéressés et circonscrits dans cet étroit point de vue de l'égoïsme charnel, dont ils ne peuvent sortir, tiennent aux espérances de la Foi, mais n'entendent se rendre aux exigences de sa logique que lorsqu'il n'y aura plus pour cela de sacrifice à faire. En attendant le dégoût, l'impuissance, ou l'impossibilité de jouir de la terre, ils recueillent les bénéfices de leur inconséquence provisoire. Ils sont heureux, pour le moment, du bonheur d'ici-bas et renvoient à une autre heure la résolution d'aller après Jésus.... Reste à savoir si les conseils de leur lâcheté imprudente ne les conduiront pas à s'y prendre trop tard. Mais malgré tout l'invitation de Jésus est pour eux comme pour les autres et les poursuit sans relâche.

1 Ces invocations, que nous allons retrouver ici sous chaque titre, se lisent dans les trèfles qui accompagnent les arcades où s'encadrent les tableaux.

Or, aller après lui, c'est partager les conditions de sa vie et cette vie se résume dans ces deux mots : *Il s'est renoncé lui-même et il a porté sa croix.*

Quand est-ce, en effet, qu'il s'est recherché ? Était-ce à Béthléem, dans le dénûment et la détresse de l'étable ? Est-ce dans son existence d'ouvrier, pendant qu'il mangeait, au fond d'un obscur atelier, un pain détrempé de ses sueurs ? Serait-ce dans ses pérégrinations apostoliques, lorqu'il n'avait pas où reposer sa tête ? Serait-ce enfin dans sa passion, où s'est épuisé pour lui le calice de toutes les amertumes ?.... Évidemment, il ne pensait pas à lui. Il s'était oublié. A qui donc pensait-il ? A son père pour le glorifier, à nous pour nous sauver. Et voilà quelle a été l'unique recherche de sa vie, et la croix fut le suprême effort de cette ambition et la consommation de cette œuvre. Il l'a prise lui-même, car elle était de son choix. Il l'a embrassée, il l'a vraiment portée et non pas traînée. Il l'a portée comme on porte un instrument de gloire et d'amour, un instrument de bonheur.

Et maintenant, puisque le disciple n'est pas au-dessus du maître, que fera-t-il à son tour ? *Abneget semetipsum et tollat crucem suam.* Lui aussi qu'il se renonce lui-même, c'est-à-dire qu'il laisse là tout ce qu'il faudrait à son orgueil et à ses sens, qu'il s'attache à Dieu et à ce que Dieu veut, *abneget semetipsum*, et ainsi préparé qu'il porte sa croix : *tollat crucem suam*. Chacun a la sienne et on pourrait même dire chacun a les siennes, car les croix se multiplient à tel point, que *vivre c'est*, en vérité, *souffrir*.

Il y a les croix de chaque situation et les croix de chaque jour, — les croix intérieures et les croix extérieures, les croix personnelles et les croix de famille et de communauté, les croix passagères et les croix persévérantes qui s'étendent sur toute une existence. Acceptez-les, portez-les, suivez Jésus. C'est-à-dire imitez sa patience, sa résignation, son amour de la souffrance.

Mais où serez-vous plus à même de vous pénétrer de ces sentiments et de vous former sur ses vertus, qu'en étudiant pour ainsi dire tous les mouvements de votre modèle dans cette situation la plus caractérisée de son rôle de victime volontaire et en vous exerçant à les reproduire ? Voilà à quoi il nous convie dans cette première peinture. Nous le voyons là ouvrant la voie douloureuse et donnant le signal à toutes ces multitudes chrétiennes qui se précipitent avec ardeur sur ses pas. Ah ! sous la conduite de ce chef pouvons-nous rester en deçà de l'héroïsme. Rois et sujets, prêtres et simples fidèles, vieillards et enfants, hommes et femmes, tout se confond dans cette foule des sectateurs de Jésus. Quel entraînement pour nous-mêmes !

Mais avant d'entreprendre cette route, comme c'était une voie royale, *via regia sanctæ crucis*, Jésus a voulu la parcourir en roi et y paraît avec les insignes de son rang. Il s'est donc fait donner une couronne, *et data est ei corona — et exivit vincens ut vinceret,* et déjà victorieux, puisque déjà ce sang dont l'effusion doit sauver le monde a coulé, il s'est mis en marche pour achever la victoire, *et exivit vincens ut vinceret.*

Toutefois cette couronne qui l'honore et le comble de joie, en dépit de ceux qui la lui ont imposée comme une couronne d'ignominie et de douleur, n'en est pas moins une pièce d'accusation contre eux et contre ceux dont les péchés d'orgueil et de volupté demandaient cette réparation. Écoutons en passant le reproche de la victime et inclinons-nous devant la part qui nous en revient. — *Je vous ai couronné de gloire et d'honneur et vous m'avez couronné d'épines. O mon peuple, que vous ai-je fait et en quoi vous ai-je contristé? répondez-moi.* Telle est l'inscription que cet ange porte sur sa banderolle en même temps qu'il nous présente l'insigne sacré.

CHAPITRE XXVII.

Suite du chemin de croix.

Ici commence cette mémorable démarche de l'Homme-Dieu par laquelle il va achever l'œuvre à jamais bénie de notre rédemption. Prosternons-nous devant lui à cette occasion et renouvelons-lui cet hommage à chacun des points mémorables de cette route. — *Adoramus te, Christe, et benedicimus tibi, quia per sanctam crucem tuam redemisti mundum.* « Nous vous adorons, ô Christ, et nous vous bénissons, parce qu'au moyen de votre croix sacrée vous avez racheté le monde. »

Ire STATION.

Jésus est condamné à mort.

Jesu, rex gloriæ!	*Jesu, sol justitiæ!*
Jésus roi de gloire !	Jésus, soleil de justice !

Jésus *le juste*, et non pas seulement le juste, mais, ce qui est plus, la règle éternelle de la justice, — Jésus Dieu tout-puissant *condamné!*... Et par qui ? — Par un juge qui, il est vrai, ignore, on peut du moins le croire, que l'accusé est Dieu; mais qui pourtant aurait bien quelque lieu de se douter que cet homme est un ami, un favori de Dieu et qui d'ailleurs n'ignore pas qu'il est innocent, en est convaincu et le proclame.

Et pourquoi le condamne-t-il? Parce que, lui, juge, il a peur de César et qu'il n'a pas peur de Dieu!... Il l'abandonne donc au malheureux sort que veulent lui faire des ennemis sauvages qu'il eût été de son devoir de réprimer et de punir. *Accipite eum vos et crucifigite.* « Prenez-le vous-même et crucifiez-le. » Et il compte bien que, moyennant qu'il se lave les mains, tout sera dit avec la justice de Dieu et que Dieu n'aura plus rien à y voir. Or pendant ce temps-là Jésus acceptait et se taisait.

O Jésus, vous êtes encore condamné tous les jours. Il y a encore des meutes qui hurlent contre tout ce qui vous représente et contre vous-même, parce que votre doctrine les humilie, parce que votre morale accuse leur morale qui n'en est pas une et gêne leur liberté mauvaise. — Il y a des égoïstes prudents et modérés qui vous livreraient non pas sans pitié ni sans hésitations, mais sans remords à ces foules. — Vous entendez et vous vous taisez toujours. Que votre silence est terrible pour vos ennemis, pour ceux qui vous exècrent, et pour ceux qui les laissent faire! — Vous pourriez d'un souffle les terrasser et les pulvériser. Mais l'issue vous appartient, vous les retrouverez plus tard, — pendant l'éternité tout entière. Que votre silence est magnifique et qu'il est utile pour vos amis! C'est ainsi qu'il faut nous poser devant la haine et devant l'injustice.

—

Et maintenant après avoir contemplé cette première situation de douleur, ici et à chaque point d'arrêt après l'étude analogue qu'il nous offre à faire, retrouvons dans notre cœur et sur nos lèvres cette prière de toutes circonstances dictée par Jésus lui-même. Cherchons-y pour nous y associer les pensées et les sentiments qui dominèrent sa vie tout entière et qui ne pouvaient manquer de l'animer à cette heure. — Rendons-y hommage avec lui au nom, au souverain domaine, à l'autorité du Père céleste. Réclamons de sa bonté tout ce qui peut intéresser notre existence, notre conscience et notre destinée. *Pater noster.*

Saluons Marie pleine de grâces et libre de toute faute, qui n'eut d'autre part dans cette expiation que celle de la douleur qu'elle y prend. Invoquons sa protection à tout événement. *Ave Maria.* Crions vers Dieu : Ayez pitié de nous, Seigneur, ayez pitié de nous. *Miserere nostri Domine, miserere nostri.*

Recommandons-lui ces frères qui ont plus besoin que nous de cette pitié et ne peuvent la demander avec efficacité parce qu'ils ne sont plus dans le lieu des mérites et qu'ils ne sont pas encore dans le séjour de la faveur. *Fidelium animæ per misericordam Dei, requiescant in pace.*

2e STATION.

Jésus est chargé de sa croix.

Jesu, redemptio nostra!	*Jesu, bonitas infinita!*
Jésus, notre rédemption!	Jésus, bonté infinie!

Pour un homme brisé déjà de fatigues, après une nuit, non-seulement sans repos, mais pleine des plus accablantes émotions et des marches les plus pénibles, au milieu des avanies et des brutalités, des coups et des mauvais traitements de toute sorte, que cette croix sera lourde à porter! — De quel découragement ne doit-il pas être saisi en mesurant les distances à franchir sous ce fardeau, écrasant par lui-même et surtout eu égard à sa faiblesse, et en pressentant toutes les épreuves par lesquelles il lui faudra passer pendant ce temps pour atteindre le but!

Mais ce qui pèse sur ses épaules et sur son corps tout entier n'est rien, comparé à ce qui pèse sur son âme. Tous les innombrables péchés de la terre depuis la désobéissance de l'origine, jusqu'au dernier crime sur lequel doit arriver la suprême catastrophe, voilà ce qu'il porte jusqu'au lieu de la grande expiation.

Ici toutefois son cœur se partage entre deux sentiments contraires, celui d'une inexprimable affliction en présence de tant de folies et de méchancetés, de hontes et d'abominations dont l'empire du temps déborde et celui d'une véritable jouissance en voyant tout près le triomphe du ciel sur l'enfer, le règne de Dieu et le salut de notre race.

Commençons par prendre toute la part de la compassion à cette grande souffrance humaine, et celle de la reconnaissance et de l'amour à ce dévouement divin que n'arrête aucun sacrifice, — et ensuite, nous aussi, courbons-nous humblement sous le poids de nos péchés et sous celui des peines qu'ils méritent et que la justice de Dieu nous envoie, mais réjouissons-nous dans nos croix, car elles sont pour nous le moyen de la grâce et du salut.

—

Encore ici une pieuse distraction de la route ; c'est cette même croix dont Jésus vient d'être chargé, qui jette sur le passage à notre cœur un trait de nature à le pénétrer. Ecoutons, en la contemplant, la voix de notre victime : *Je vous ai, dit-elle, préparé les délices du ciel et vous m'avez condamné au supplice de la croix. — O mon peuple, que vous ai-je fait et en quoi vous ai-je contristé ? — Répondez-moi.*

Continuons notre route en baissant les yeux et en nous frappant la poitrine, car nous sommes pour quelque chose en tout cela.

IIIe STATION.

Jésus tombe sous le poids de sa croix.

Jesu, Deus fortis !	*O fortitudo martyrum.*
Jésus Dieu fort !	O force des martyrs.

Il ne cherche point à nous étonner comme ferait un homme posant pour l'héroïsme. Il nous apparaît dans toute la vérité de notre nature, avec toute sa fragilité et toutes ses défaillances. En nous offrant le spectacle de sa faiblesse, il tient à nous inspirer le sentiment de notre propre faiblesse. *Omnis caro fenum !* Tout ce qui est chair et relève de la chair, c'est le brin d'herbe qui plie et s'incline au moindre souffle. Que nos forces sont bornées ! Et cette observation ne va pas seulement à l'ordre physique, elle s'étend aussi bien à l'ordre intellectuel et moral. Il faut peu de chose pour renverser notre corps, pour faire tomber notre intelligence et notre raison, pour entraîner notre conscience et abattre notre courage.

Oh ! ne soyons point fiers de nous-mêmes. N'ayons pas peur de nous avouer que nous sommes misérables. Ne nous étonnons pas de nous trouver tels dans une foule de circonstances. Conjurons Dieu de nous ménager ses épreuves par pitié pour nous.

Soyons humbles devant elles et défions-nous de nous-mêmes.

IVe STATION.

Jésus rencontre sa très-sainte Mère.

O Jesu pie !	*O Jesu, fili Mariæ !*
O Jésus qui aimez tant !	O Jésus fils de Marie !

O douleur de Marie ! Jésus, son fils, — un fils comme aucune mère n'en eut jamais et ne peut en avoir, — Jésus le fils de Dieu, — Jésus *le trois fois saint* dans cette affreuse situation, où toutes les humiliations et toutes les angoisses se sont donné rendez-vous, et sont à l'œuvre pour l'avilir et le broyer ! — Le profond sentiment de justice qui est en Marie, le sentiment non moins vif qu'elle a de la grandeur de l'auguste victime, et enfin l'amour incomparable dont elle est possédée pour cet incomparable objet se soulèvent à la fois dans son cœur. Elle s'affaisse à cette vue sous l'impression d'une désolation inexprimable. Hélas ! elle n'y peut rien. Les décrets souverains de Dieu et les oracles des prophètes sont là. *Oportuit pati Christum.* — Ministres, sans le savoir, de ses volontés irrévocables, la puissance humaine dans tous ses degrés, l'émeute populaire avec sa force brutale se sont liguées contre lui. — Marie elle-même, elle qui pourtant doit un jour participer en quelque sorte à l'exercice de la toute-puissance, est réduite pour le moment à la dernière faiblesse. Que ferait-elle ?

Mais elle est à la hauteur de son rôle. Elle n'ignore rien de tous les mystères qui s'accomplissent. Elle sait ce que Jésus représente. Elle connaît l'œuvre à laquelle il travaille si laborieusement. — Sous la figure de ce Jésus, son fils unique et bien-aimé, en butte à toutes les violences et traîné dans la boue, l'humanité toute entière lui apparaît, elle aussi foulée aux pieds, conspuée, cruellement tourmentée par les puissances de l'Enfer. Oh ! comme aussitôt elle se sent mère de l'humanité ! Comme ses entrailles s'émeuvent, et avec quelle résignation et quel dévouement elle consent et s'associe au sacrifice qui sera le salut des hommes !

Ah ! puissions-nous faire cette rencontre sur notre route, si quelque jour, livrés à la tourbe infernale pour notre dégradation et notre malheur, nous nous trouvons sur le chemin de notre perte. Alors du moins Marie y pourra quelque chose. Car désormais elle règne au ciel et rien ne résiste à sa puissante miséricorde.

En voyant Jésus si fatigué, si haletant, notre cœur réclame pour lui quelque soulagement. Remarquons déjà le breuvage qu'on lui réserve pour la fin de sa course, mais en même temps soyons touchés de ce blâme qui nous atteint : *Je vous ai nourris de mon corps et de mon sang, et vous m'avez abreuvé, dans ma soif, de fiel et de vinaigre.*

O mon peuple, que vous ai-je fait et en quoi vous ai-je contristé ? — Répondez-moi.

Ve STATION.

Simon le Cyrénéen aide Jésus à porter sa croix.

Jesu, potentissime!	*Qui cuncta nutu sustines.*
Jésus, tout-puissant.	Qui d'un signe soutenez toutes choses.

Ce n'est plus ici la croix que chacun porte pour son propre compte. Il s'agit d'un privilégié qui a été admis à porter la croix même de Jésus, celle où fut attaché l'Homme-Dieu, et dont il s'est servi pour sauver le monde. Quel honneur insigne pour cet homme! Honneur que probablement il ne comprenait point et qu'il était loin d'ambitionner, dont beaucoup, à sa place, se fussent défendus comme d'un outrage et d'une injuste violence et qui apparemment en effet lui fut imposé par le mépris, peut être par la haine.

Mieux instruits que le Cyrénéen, nous saurions lui envier cette faveur et ne pourrions-nous pas par le fait devenir ses émules? La croix de Jésus, il est vrai, n'est plus à porter en nature. Mais la fureur et le dédain dont elle était le témoignage, existent encore. Jésus a toujours des ennemis qui le crucifieraient, s'ils pouvaient l'atteindre, et, ne pouvant s'acharner sur sa personne, s'en dédommagent sur son nom et sur tout ce qu'il couvre. Oh ! comme ils le détestent et comme ils détestent ceux qui l'aiment et le servent ! — Nous entendrons leurs blasphèmes; nous serons le but de leurs persécutions. C'est encore là la croix de Jésus.... Portons-la sans fléchir, avec ce courage qui va au-devant et qui affronte, qui souffre et ne se lasse pas. — Que ses ennemis soient les nôtres. Que ses ignominies et ses douleurs soient les nôtres !... Faisons-nous un titre d'orgueil et un bonheur de partager en tout le sort de Jésus.

VIe STATION.

Une femme pieuse essuie la face de Jésus-Christ.

O Jesu, splendor Patris !
O Jésus, splendeur du Père céleste !

O Jesu, amabilis !
O aimable Jésus !

Le visage de Jésus profané d'ignobles crachats était tout baigné de sueurs auxquelles venaient se mêler et le sang qui coulait des blessures du couronnement et la poussière soulevée autour de sa personne par cette foule agitée. — Cet admirable visage était donc défiguré et méconnaissable. Une femme, pour laquelle évidemment le Sauveur n'était pas un étranger, l'aperçoit en cet état, son cœur en est profondément ému. Elle ne peut comprimer les élans de son amoureuse pitié et, malgré cette tourbe exaltée par la passion et dont elle peut attendre tous les rebuts et tous les outrages, elle se précipite vers lui et essuie sa face adorable....

Nous aurons bien de temps à autre quelque chose de ce dévouement à pratiquer. Le fait est que les ennemis de Jésus, à l'heure qu'il est, s'étudient à dénaturer à plaisir sa divine physionomie. — Sous la parole et sous la plume de ces hommes, il n'est que trop souvent découronné de sa gloire sans égale et de sa lumière incréée. Il n'est plus la majesté suprême, il n'est plus la vérité, il n'est plus la sainteté. C'est un homme comme un autre, c'est l'erreur ou le mensonge. C'est la fausse sagesse, c'est le blasphème, c'est la tyrannie.

O Christ, comme vous êtes encore conspué! Comme votre front est encore déchiré! Comme l'impiété y a accumulé la poussière et la boue! Ah! sans doute, il y a de quoi faire frissonner, quand on songe à qui s'adressent ces insultes et qui les lui adresse. — A nous, du moins, de venger notre Dieu et d'essayer par tous les moyens que nous savons de rétablir sous les rayons du jour où ils paraissent faussés les traits de cette figure adorée, et de faire disparaître ces taches dont on voudrait amoindrir sa beauté et sa splendeur infinies. Ayons, malgré tout, ce courage de le vouloir et de l'entreprendre selon la mesure de nos forces.

Un regard ici à la face déshonorée de Jésus, que nous voyons reproduite sur ce linge, et recueillons avec componction les paroles qui l'accompagnent : *J'ai imprimé sur votre visage les traits de la ressemblance divine et vous avez souillé ma face de boue et de crachats. O mon peuple, que vous ai-je fait et en quoi vous ai-je contristé? — Répondez-moi.*

VIIe STATION.

Jésus tombe à terre pour la seconde fois.

Jesu, Deus noster!	*Jesu, refugium nostrum!*
Jésus, notre Dieu!	Jésus, notre refuge!

Un courage humain devait se briser là. — Se sentir à bout de forces en présence d'une tâche de plus en plus effrayante comme celle de porter la croix, cette croix si pesante, jusqu'au lieu désigné; — voir se dresser devant soi une route bien longue encore, bien escarpée et bien rude, n'avoir à attendre dans tout ce trajet nul ménagement, mais au contraire être sûr d'avance de toute une succession de brutalités, d'insultes et de coups pour arriver enfin à tous les déchirements d'une horrible agonie, et ne pouvoir se promettre d'ici là d'autre repos que la mort!... Qui ne se fût dit dans une pareille situation : « Puisque tous les mouvements que j'ai désormais à faire n'ont d'autre but, à quoi bon un effort pour aller plus loin? — Restons ici et finissons-y. Si mes bourreaux, pour consommer leur crime, tiennent à un lieu plutôt qu'à un autre, à eux de pourvoir au transport de l'instrument fatal et de la victime, au besoin. » — Mais non, il tient à accomplir son œuvre jusqu'au dernier des détails prévus, et à demeurer jusqu'au bout dans son rôle de victime patiente et résignée, docile et volontaire. Il n'est tombé que pour nous donner l'exemple d'un invincible courage, en se relevant pour marcher toujours malgré ses épuisements.

Ah! sous le fardeau parfois si désespérant de la vie, ne manquons pas de remarquer ce grand modèle pour nous réconforter à sa vue. Menons jusqu'au bout le devoir. C'est-à-dire, si lassés, si ennuyés, si abattus que nous soyons, ne cédons qu'à l'impossibilité, quand il s'agira de nous acquitter des obligations de notre position providentielle et de payer notre dette aux exigences du maître souverain, aux engagements, même librement contractés, de notre conscience.

VIIIe STATION.

Jésus console les filles d'Israël qui le suivent.

Jesu, bone pastor!	*Jesu, zelator animarum!*
Jésus, bon pasteur!	Jésus, zélateur des âmes!

Il console, et toutefois il effraie. Mais dans l'une et l'autre chose, c'est bien évidemment la charité qui l'inspire; car c'est toujours pour nous délivrer du mal.

Il console donc sur les maux qui l'affligent. Telle est sa générosité qu'il compte pour rien ce qu'il souffre dans nos intérêts. Et par le fait ces maux, du moins, sont remédiables parce qu'ils doivent finir, ils sont même un bien, puisqu'ils sont le remède des nôtres.

Mais il est un mal qui l'est de tout point et sous les étreintes duquel il nous voit. C'est le péché qui serait la mort de Dieu, si Dieu pouvait mourir et qui ne pouvant atteindre son objet, retombe tout entier sur son principe et devient notre mort. — Et à la suite de ce mal, le long regard de Jésus aperçoit dans l'avenir d'autres maux vraiment irremédiables qui attendent leur proie, c'est-à-dire le pécheur, et tel est l'amour qu'il nous porte que ces maux qui sont les nôtres lui paraissent seuls devoir être déplorés. — Ces maux qu'il avait e vue dans ce moment, ce pouvait être la dispersion et les dernières infortunes de la nation déicide. Mais c'étaient sûrement aussi ces affreux malheurs qui sont en réserve dans les trésors de l'éternité, à l'adresse du crime impénitent. — Il nous en fait entrevoir la mesure par ce raisonnement. — Si l'innocence immaculée, parce qu'elle s'était faite responsable de dettes qui ne lui appartenaient pas et ne pouvaient lui appartenir, est traitée de la sorte, que peut attendre le pécheur obstiné qui prend son parti de toutes les conséquences du péché et s'y livre sans réserve : *Si in viridi ligno hæc faciunt, in arido quid fiet* (Luc, 23-31). Il nous effraie donc, mais c'est afin de nous faire trouver dans l'énergie de la terreur, celle de la résolution pour résister au péché et nous soustraire à ses suites.

Voilà que la dépouille de Jésus s'étale ici à nos yeux, un pas encore le sépare du moment où il va être réduit à la nudité. Ecoutons déjà, par anticipation, ses lamentations à ce sujet.

Je suis venu vous donner la robe de justice et de salut et vous m'avez dépouillé de mes vêtements. O mon peuple, que vous ai-je fait, et en quoi vous ai-je contristé ? — Répondez-moi.

IXe STATION.

Jésus tombe pour la troisième fois.

Jesu, latens deitas!	*Jesu, infirme et jacens!*
Jésus, Dieu caché!	Jésus, infirme et gisant à terre.

Par suite de son extrême faiblesse qui ne peut tenir à de si dures épreuves, et de son ambition d'arriver au terme qui lui fait un besoin de se relever aussitôt, les chutes se sont multipliées pour lui dans ce parcours, mais celle-ci, du moins, sera la dernière.

Nous aussi nous sommes faibles et, parce que nous le sommes, nous tombons. Toutefois parce que nous croyons à cette alternative sans milieu des malheurs définitifs dont menace la justice de Dieu, et des immenses félicités que nous promet sa miséricorde, parce que nous avons la volonté d'éviter ces châtiments et d'atteindre les récompenses, nous nous relevons à chaque fois, mais hélas! c'est pour retomber encore, et nos chutes sur le sentier de la vie sont autrement nombreuses que n'ont été celles de Jésus sur la route du Calvaire. — Qui les comptera et qui, en les comptant, ne s'en effraiera? — Cependant, pour nous aussi, il y aura une dernière chute. Oh! pourvu qu'après cette chute nous puis sions nous relever encore !.... Pourvu que la miséricorde qui est notre nécessaire et unique appui ne soit pas trop lassée, et que par suite de son éloignement de nous, nous n'en soyons pas à l'impuissance de nous remettre sur pied. Demandons à ce divin Sauveur qui doit être notre juge de nous soutenir par sa grâce, et si nous devons tomber encore , de ne pas nous prendre lorsque nous serons à terre.

Xe STATION.

Jésus est dépouillé de ses vêtements.

Jesu, pater pauperum !
Jésus, père des pauvres !

Jesu, spoliate et nude!
Jésus, dépouillé et nu !

Il y a dans toute vie humaine une heure qui est celle du dépouillement où il faut quitter tout, même ce qui nous touche de plus près. Pendant que le corps se dépouille de tout ce qui faisait sa vie et son bien-être, l'âme de son côté dit adieu à tout ce qui sur la terre était sa consolation et sa force. — Elle va s'éloigner de son corps lui-même qui n'était pour elle qu'une sorte de vêtement. — Mais que cette séparation est toujours douloureuse!... Nous aimerions à ne rien perdre et en conservant tous les éléments et les annexes de cette vie mortelle, à revêtir, s'il était possible, par-dessus l'enveloppe passagère de notre humanité le manteau splendide de l'éternelle gloire. *Nolumus expoliari sed supervestiri.*

Pour Jésus cette heure est arrivée. Parce qu'il est pauvre, il a bien peu à quitter. Lui, du moins, n'a point à briser les liens du cœur pour se détacher de ce qui est purement de ce monde. Ses vêtements sont toute sa fortune. Mais il faut dire pourtant qu'imprégnés du sang de ses blessures, ils se sont en séchant collés sur lui et pour les lui retirer quels déchirements on va lui faire éprouver!

N'est-ce point dans un sens notre histoire? C'est par nos plaies aussi que nous tenons à ce monde; c'est par ce qu'il y a d'infirme et de malade dans notre être, par nos passions, notre sensibilité charnelle, par nos concupiscences. C'est là qu'il nous faut éprouver la douleur de cette séparation et voilà pourquoi il nous faudra gémir pour nous en séparer. — Oh! travaillons de suite à nous dépouiller de toutes choses. Laissons aller avec résignation ce que Dieu par ses événements providentiels nous enlève. Préparons nous-mêmes et simplifions d'avance ce dépouillement en réduisant le plus possible le nombre et la force de ces attaches et en nous étudiant à la sainte indifférence de tout ce qui appartient à ce monde.

Mais une autre scène va immédiatement se produire. Voilà les instruments du crucifiement, le marteau et les clous qui nous l'annoncent. Oh! quelles paroles saisissantes et amères s'échappent du cœur de Jésus!

Je suis venu vous apporter la liberté des enfants de Dieu, et vous m'avez cloué à la croix.

O mon peuple! que vous ai-je fait et en quoi vous ai-je contristé? Répondez-moi.

XIe STATION.

Jésus est attaché à la croix.

O obedientissime!	*O patientissime!*
O très-obéissant!	O très-patient!

Voilà le moment de l'holocauste. La victime est sur son autel pour y donner sa vie dont l'immolation doit à la fois protéger, réparer et agrandir la nôtre. — Mais en accomplissant cet acte d'expiation, Jésus a voulu dans tous les détails rappeler par le contraste la faute qu'il expiait. — Cette faute procédait de la volonté et c'est de la volonté que procédera le sacrifice réparateur, car c'est volontairement que le Sauveur est venu jusque-là et c'est aussi volontairement et de lui-même qu'il s'étendra sur l'instrument de sa mort. — Il a pris sur lui les conséquences de ce premier abus de la liberté humaine et de tous les autres abus qui doivent en être faits à la suite et pour ce motif nous pouvons le contempler vraiment esclave; il est cloué à la croix et n'a plus la faculté d'un seul mouvement. — Il y est cloué précisément par les membres qui, dans l'homme, représentent surtout l'activité physique dans le cercle de laquelle se consomme le désordre de la volonté et qui furent les complices de sa révolte. — Enfin il porte la peine d'un péché d'orgueil et le voilà renversé, couché sur le sol. Tout à l'heure, il est vrai, on va l'élever au-dessus de terre, sur ce trône d'un nouveau genre, mais ne sera-ce pas comme une poignante ironie pour les monstrueuses ambitions de l'homme dont il s'est fait le répondant? Comme cette élévation d'ailleurs va lui occasionner d'humiliations et de douleurs!...

Nous sommes les coupables auxquels devait aller ce châtiment. Cette situation de Jésus nous appartient en propre. N'y restons pas trop étrangers. Donnons-nous à la vie du sacrifice. Attachons étroitement à la croix notre liberté qui a tant dévié et a toujours besoin de dévier encore, pour qu'elle ne sorte plus de la ligne sainte. Attachons-y nos sens et nos membres par la mortification qui fuit le plaisir et au besoin va au-devant de la souffrance. Abaissons, comprimons notre orgueil.

XIIe STATION.

Jésus meurt sur la croix.

Jesu, mediator noster!	*Jesu, salvator mundi!*
Jésus, notre médiateur !	Jésus, sauveur du monde !

Jésus meurt sur la croix, c'est-à-dire dans l'ignominie et dans les tourments. C'est la mort du supplicié, mort infamante qu'il subit en pleine conformité d'infortune et de honte avec de vils scélérats auxquels il est pleinement assimilé, sous les yeux, sous les huées et les imprécations de tout un peuple. C'est une mort sans adoucissements et sans consolations, où tous les membres, tous les sens sont envahis par les plus affreuses tortures.

O humiliations de la mort de mon Sauveur, que vous étiez nécessaires à l'innocent flétri et calomnié expirant sous les coups de l'iniquité! Que vous étiez nécessaires au criminel frappé par la loi qui après une existence odieuse voudrait du moins sanctifier son dernier soupir et quel service vous rendez à l'un et à l'autre! Mais que vous êtes humiliantes pour le pécheur mourant qui, plein des souvenirs d'une vie coupable, se voit alors entouré de tous les hommages de l'amour et du respect.

Et maintenant, ô horreurs de la mort de Jésus, que vous allégez par la comparaison les amertumes de la mort qui nous attend, où les soulagements ne manqueront pas, où les dévouements nous environneront et nous prodigueront leurs soins et leurs tendresses.

— La mort de Jésus est en même temps le chef-d'œuvre à jamais unique du genre. Quelle merveille de force morale! Il ne perd rien de son calme et de sa sérénité devant toutes ces fureurs coalisées et toutes les menées perfides dirigées à sa perte, rien de sa patience au milieu de toutes les indignités et de tous les tourments auxquels on le soumet. — Quelle merveille de bonté!... Son cœur est à tous. Il est à sa mère, à son ami de prédilection, à tous ses disciples, à tous les hommes de tous les pays et de tous les temps jusqu'à la fin des siècles. Il est à ses bourreaux et à tous ses ennemis. Pour chacun il a une attention de cœur, une parole de délicatesse et d'amour. Il fait à chacun le bien qu'il peut faire. Il lègue ses trésors à ceux qui l'aiment, la grâce de conversion et son pardon à beaucoup de ceux qui le persécutent. Il prie pour tous. — Enfin quelle merveille de sainteté! Il est tout à Dieu, à sa volonté, à sa justice, à son amour. Il lui remet son âme. — O perfection de la mort de Jésus, de quelle lumière vous illuminez ce dernier acte de la vie! Quel précieux modèle vous nous serez pour cette heure!... Ah! que nos yeux ne soient pas privés alors de la vue de votre consolante et vivifiante image! Puissions-nous dans notre mort reproduire dans quelque degré les perfections achevées de la vôtre!...

Lorsque Jésus eut expiré, un des soldats ouvrit son côté avec une lance et nous retrouvons ici cette instrument en même temps que cette allocution qu'il motive. — *Je vous ai donné mon cœur et vous l'avez percé d'une lance. O mon peuple, que vous ai-je fait et en quoi vous ai-je contristé? Répondez-moi.*

XIIIe STATION.

Jésus est déposé de la croix et remis à sa mère.

Vermis et non homo!	*Quæsivi illum et non inveni!*
C'est un ver et non un homme!	J'ai cherché à le reconnaître et je ne l'ai pas reconnu!

Nous avons ici deux objets de contemplation, le corps de Jésus privé de la présence de son âme et tel que l'ont fait les ravages d'une mort aussi cruelle, et l'affreuse affliction de Marie lorsqu'elle le reçut dans ses bras.

Le frisson nous saisit à la pensée que notre corps passera par ce désastre et cette dégradation. Quelle ruine en effet et quel abaissement pour cette partie, la moins intime sans doute, mais après tout cependant essentielle de notre être et d'ailleurs si nécessairement et si légitimement aimée! — Quelle désolation et quel sujet d'horreur! — C'est une peine du péché et Jésus, non-seulement innocent, mais impeccable, a voulu subir cette loi afin de nous la rendre plus acceptable dans sa sévérité, moins absolu dans ses effets. Lui, notre maître et notre Dieu, nous montre son corps dans cette condition faite uniquement pour les nôtres, afin de glorifier la justice de son Père et de nous apprendre à la glorifier à notre tour. — Lui, notre frère et notre semblable, il est mort pour ressusciter et nous donner le droit d'être ressuscités un jour. Quelle consolation dans notre détresse! Quelle espérance dans notre infortune!...

Autre tristesse insurmontable de sa nature : ceux que nous aimons en ce monde et dont nous chérissons à la fois la partie spirituelle qui est le fond de leur être et cette forme extérieure qui la révèle au monde et nous devient, relativement à eux, l'instrument de notre possession et de notre jouissance, nous échapperont. Leur âme s'envolera dans une autre région et ils ne laisseront plus ici-bas qu'un corps défiguré et livide comme la mort, inerte et insensible comme la matière. Oh! alors, quels déchirements pour notre cœur! Rappelons-nous donc à cette heure Marie dans le sentiment de la plus grande perte qui ait affligé le plus grand amour. Recherchons près d'elle dans nos épreuves analogues la science et la force de souffrir comme elle le fit en présence des restes d'un objet bien-aimé.

XIVe STATION.

Jésus est mis dans le sépulcre.

Jesu, auctor vitæ!	*Jesu, resurrectio nostra!*
Jésus, auteur de la vie!	Jésus, notre résurrection!

Voilà donc le corps d'un Dieu dans ces régions souterraines qui n'avaient encore donné asile qu'à des restes purement humains. Jésus voulait, en fondant son Église, prendre possession pour elle, non pas seulement de la surface de la terre, mais aussi de ses entrailles. — S'il avait besoin de cette surface pour y faire éclater au grand jour les combats de sa cour militante, il lui fallait aussi dans ses profondeurs une retraite digne et sainte pour y recueillir avec honneur les débris matériels que sa cour triomphante laisse provisoirement ici-bas et en même temps un lieu bienfaisant et salutaire pour recevoir avantageusement ceux de la partie souffrante de cette même Église.

Ces sombres régions donc, sanctifiées par sa présence, ne vont elles pas se ressentir de sa vertu divine? — Pénétrées des ardeurs de sa charité, pourront-elles demeurer étrangères à la nôtre? Et à l'un et l'autre titre, ne réclameront-elles pas les regards et les sentiments de la piété?

Cette terre, où nous devons aller dormir notre dernier sommeil, apprendra donc de Jésus à n'être pas lourde aux corps inanimés de ses amis et en conséquence on les verra échapper quelquefois à cette dissolution qui est la loi commune et qu'il ne devait pas connaître lui-même. Elle apprendra de lui à leur être glorieuse, car leur tombeau sera parfois une source vivante de grâces et les prodiges sortiront des ossements qu'il renfermera.

Mais d'autre part, ce ne pourra plus être une terre d'oubli. Elle devra être au contraire la terre des meilleurs souvenirs et si, parmi ceux qui y reposeront, il s'en trouve dont les âmes soient dans la peine, elles pourront y obtenir par nos prières le soulagement ou même l'entière délivrance de leurs douleurs.

Ce sera du reste une terre pleine d'une sève vivifiante ; car les corps eux-mêmes y germeront pour l'éternelle résurrection dans la forme humaine la plus belle et pour la plus parfaite félicité des sens.

Voilà l'œuvre de Jésus pour nous pendant le séjour qu'il fit dans le sépulcre et de là découle dans ses plus riches développements toute la religion des tombeaux avec ses vénérations pour les saintes ruines, ses précieuses influences sur les maux remédiables de l'autre vie, sa garde fidèle et pieuse autour de tous ces éléments de la vie future.

Béni soit Jésus qui nous a fait un sommeil si honorable, si léger, si plein d'espérance en attendant le réveil le plus magnifique.

Ici s'arrête la voie douloureuse du Sauveur. Pour la résumer tout entière jusqu'à son issue et nous rendre compte du terme où elle doit aboutir avec bonheur, ici se présentent ces paroles de l'apôtre : — *Il s'est humilié en se faisant obéissant jusqu'à la mort et à la mort de la croix ; c'est pour cela que Dieu l'a exalté et lui a donné un nom qui est au-dessus de tout nom.* (Philip. 11-8.)

Le messager triomphant qui nous les recommande, porte en effet l'étendard de la victoire du Christ, sa croix de résurrection et semble pousser ce cri de joie : *Resurrexit, alleluia.* « Il est ressuscité, alleluia. » — Elles sont pour nous comme une première atteinte de la destinée qui nous attend nous-mêmes. C'est encore une parole de saint Paul qu'il nous faut retrouver à ce propos dans cette place : *Si compatimur ut et conglorificemur.* « Si nous souffrons avec lui c'est pour être glorifiés avec lui. » (Rom. 8-17.)

Jesu, corona sanctorum !	*Jesu, gaudium Angelorum !*
Jésus, couronne des saints !	Jésus, joie des Anges !

Il y a là une promesse éclatante de toutes les grâces réparatrices et sanctifiantes, qui disposent au salut et du salut lui-même. Et tel est le sujet de ce dernier tableau, qui vient en hors-d'œuvre servir de but à ce dévot pèlerinage. — Jésus s'y montre au centre de sa gloire immortelle, accueillant avec amour les disciples qui l'ont suivi jusqu'au bout et leur distribuant ses récompenses. Par le fait de la miséricorde de Dieu, c'est en effet là la perspective encourageante de notre dernier horizon : *Momentaneum et leve tribulationis nostræ suprà modum in sublimitate æternæ gloriæ pondus operatur in nobis.* « D'un côté donc des tribulations légères et de quelques moments, et de l'autre une gloire éternelle qui excède en sublimité toutes les mesures et sous laquelle succombe notre faiblesse. »

CHAPITRE XXVIII.

L'Orgue.

Oh ! qui donc devant une destinée comme celle que le Seigneur nous a faite, en attendant les hymnes qui doivent éternellement fournir leur plus complète expression aux joies illimitées de notre âme, ne se sentira le besoin de chanter dès ici-bas les perfections adorables, les bontés et les magnificences de notre Dieu ? — Le chant appartient à l'enthousiasme. C'est le suprême effort de la parole et de la voix humaines pour rendre les sentiments sous l'empire desquels l'esprit et le cœur ne se suffisent plus. — Mais même avant l'extase qui ne finira point, dès qu'il s'agit de Dieu et des choses de son ordre, encore que sur la terre il ne se communique qu'avec mesure, toutes nos facultés ne sont-elles pas débordées ? — Est-ce assez pour nous dès lors de nos moyens ordinaires d'exprimer ce que nous sentons ? — Oh ! comme le chant tient à l'essence même de la religion extérieure ! Comme dans les temples on a besoin de lui et de tout ce qui peut contribuer à lui donner sa plus haute puissance ! — L'Orgue, le grand instrument religieux, né en quelque sorte pour être avec les cloches, la voix auguste et pénétrante de l'Église a donc nécessairement sa place marquée dans le temple, dès que le temple vise à être complet. Et voilà, pour terminer notre étude, le dernier objet de notre attention.

Et d'abord deux choses concourent aux mélodies du culte, *la poésie* qui lui donne les paroles, déjà belles de la pensée qu'elles portent en elles et du charme avec lequel elles l'expriment, et *la musique* qui, au moyen des airs dont elle les accompagne, en rehausse avec éclat la signification. Les deux personnifications de ces arts offrent, en conséquence, à la tribune que doit occuper l'orgue l'appui en même temps que la décoration les mieux justifiées.

L'un et l'autre ont sur leur front la flamme de l'inspiration céleste. Car naturellement ils s'élèvent ici à la dignité d'*arts sacrés.*

La Poésie, splendidement couronnée, abrite sa tête sous les ailes éployées de l'aigle au vol audacieux comme celui du génie. Elle se drape avec ampleur dans des vêtements de luxe ornés de franges et de broderies. On dirait que les fleurs naissent sous ses doigts. Elle les répand à profusion sur ce rouleau auquel la plume va confier ses œuvres et on peut y relever ce texte ou l'Esprit-Saint paraît faire son éloge : *Favus mellis composito verba : dulcedo animæ, sanitas allium.* « Les discours formés de ce qu'il y a de plus exquis dans le langage humain sont pour l'oreille ce qu'est au palais le rayon de miel formé du suc le plus recherché des fleurs. Ils donnent une jouissance à l'âme et par suite ils ont une influence jusque sur la santé du corps. »

Pendant ce temps, la musique, celle que le temple connait, dont la majestueuse gravité procède avec la même mesure qui règle la marche des vierges consacrées, ombrage aussi son front du même voile. L'oiseau dont les chants annoncent les premiers rayons du jour semble l'inviter à entonner ces hymnes qui ne sont que la première note de ceux de l'éternité. Autour d'elle sont réunis tous les instruments de l'antique symphonie célébrée par les divines Écritures, la harpe, la trompette sainte et le tambour sacré. Elle s'appuie sur le bâton cantoral et nous montre sur la bande dont il est enroulé la gamme où sont en principe tous les trésors d'harmonie dont elle enivre l'oreille et ces mots de l'Écclésiastique : *De omni corde suo laudavit Dominum.... et stare fecit cantores contrà altare et in sono eorum dulces fecit modos.* On peut dire d'elle en effet comme de David que ce texte regarde : « Elle a célébré de tout son cœur les louanges du Seigneur. Elle a établi en présence de l'autel des officiers voués aux chants des hymnes divins et réalisé avec leurs voix les plus suaves concerts. »

Et voilà maintenant qu'au-dessus de cette tribune se dresse à tous les yeux cette source intarissable d'où l'harmonie jaillera par torrents et fera résonner tous les échos du temple en même temps que vibrer toutes les cordes de l'âme. — La décoration de ce meuble est comme une proclamation du but où doit tendre la louange et un prélude à l'entraînement de ses accents.

Et d'abord à qui doit-elle aller? Je vois au point le plus élevé la croix qui est le sommet de ce monde et par laquelle ce monde touche à Dieu. Je vois au-dessus l'image de Marie, maîtresse de cette demeure, mais en même temps reine et représentante ici de tous ceux que la miséricorde de Dieu à admis avec elle à sa félicité. — Je la vois du reste recevant tout, pour tout rendre à Jésus qu'elle tient entre ses bras comme son titre vivant à tous les honneurs qui lui sont dûs. Oh! voilà bien toute la lumière qu'il nous faut.

Gloire donc à Dieu dans son vénérable mystère, gloire à lui dans son adorable Trinité! Gloire au Fils rédempteur et, pour que cela leur revienne en dernier lieu, gloire à Marie et à toute la cour céleste, anges et créatures humaines. — *Laudate omnes gentes, laudate eum omnes populi.* Nations dont l'humanité se compose, louez le Seigneur, louez-le, peuples qui couvrez la terre. Louange à Jésus, louange à Marie. *Laus Jesu, laus Mariæ.* Un hymne à tous les saints qui forment le cortége de gloire du Très-Haut. *Hymnus omnibus sanctis ejus.*

Nous venons de reconnaître là tous nos textes

inscrits. Mais ces anges qui s'agitent dans les mouvements de l'enthousiasme et se mettent en devoir de faire exprimer aux instruments les ardeurs qui les transportent, nous disent encore quelque chose de plus. — Ils nous demandent de louer ici, avec tous les élans empressés de l'amour qui ne se possède plus, d'applaudir de nos mains, de pousser des cris de joie, de chanter et de chanter encore la gloire de notre Dieu et de notre roi. — *Omnes gentes plaudite manibus; jubilate Deo in voce exultationis.... Psallite Deo nostro, psallite. — Psallite regi nostro, psallite.* — Ils nous disent de recourir à tous les sons qui ravissent et à tous les bruits qui imposent pour que sa louange soit vraiment retentissante : *Laudate eum in sono tubæ, laudate eum in psalterio et citharâ. Laudate eum in tympano et choro, laudate eum in chordis et organo. Laudate eum in cymbalis bene sonantibus. Laudate eum in cymbalis jubilationis.* « Louez-le avec les fanfares éclatantes de la trompette, avec les notes frémissantes du psaltérion et de la cithare, avec le tympanum qui remue jusque dans les entrailles, et l'accord enivrant de toutes les voix humaines. — Louez-le avec tous les instruments aux cordes sonores et tóus ceux qui peuvent ajouter quelque chose à l'entraînement d'un concert. — Louez-le avec les cymbales résonnantes, les cymbales qui rendent si bien les tressaillements de l'allégresse et qu'en résumé, tout ce qui vit et respire prenne part à cette louange et rende gloire au Seigneur » : — *Omnis Spiritus laudet Dominum.* — Voilà ce que l'orgue vient faire ici. Il vient prêter à notre cœur la puissance, la beauté, la variété de ses accents, pour publier dans les grandes assemblées ce que notre faible organe ne pourrait faire assez entendre.

Restons sur cette louange de Dieu et arrêtons-nous-y. Pourrions-nous mieux aboutir qu'à ce qui doit être la fin de toutes choses, à la gloire, à la bénédiction de celui pour qui tout vit et de ce que lui-même a voulu honorer? *Laus Jesu! laus Mariæ!..* « Gloire à Jésus! Gloire à Marie. Amen. »

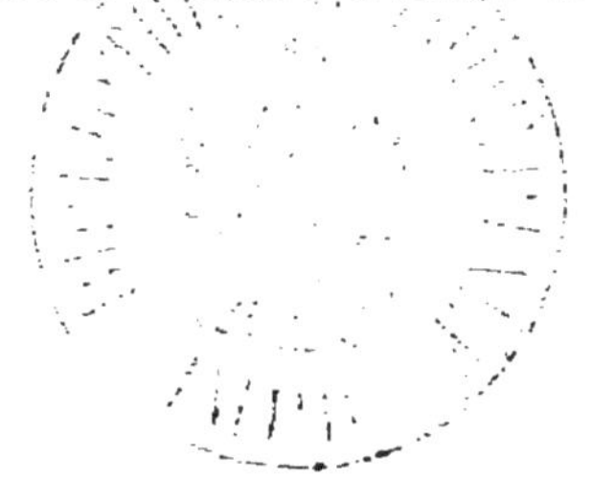

FIN.

Pouvons-nous terminer ces pages sans donner au moins le nom des artistes qui ont concouru dans leurs diverses spécialités à embellir l'édifice, objet des études que nous venons d'achever? — Toutefois, comme nous nous sommes interdit le rôle de critique, on voudra bien nous concéder de taire ici ce que nous aimerions à dire, selons nous, de leur talent et de leur succès. Laissons donc au public la liberté de son appréciation sur ce point, et contentons-nous de lui signaler la part de chacun dans toutes ces œuvres, en les reprenant dans l'ordre que nous avons déjà suivi.

Les vitraux de la nef et ceux du sanctuaire proviennent de la maison Echappé; ceux du transept, de la maison Denis.

Le groupe de l'autel de la dévotion est dû au ciseau de M. Barême, d'Angers. — Les statues du sanctuaire et le groupe des Enfants-Nantais sont l'œuvre de M. Hardy, et celles dont la nef sera décorée doivent sortir des ateliers de M. Potet. — M. Bousquet a fait celles de la tribune, et toutes les sculptures de décoration que l'on remarque dans la chapelle. — Enfin, le Chemin de Croix a été peint par M. Meuret.

TABLE.

FIN DE LA TABLE.

ERRATA.

Page 1re, ligne 3e. — La curiosité; lisez : *Sa* curiosité.

Page 19, ligne 10e. — De meilleur augure; lisez : *Du* meilleur augure.

Nantes, imp. Vincent Forest et Emile Grimaud, place du Commerce, 1.

www.ingramcontent.com/pod-product-compliance
Ingram Content Group UK Ltd.
Pitfield, Milton Keynes, MK11 3LW, UK
UKHW021905260726
13966UKWH00006B/546